El manejo integrado de los insectos, ácaros y enfermedades en los cultivos ornamentales

Charles C. Powell, Ph.D.

Presidente del Servicio de Consultoria para la Sanidad Vegetal,
Worthington, Ohio, Estados Unidos

Richard K. Lindquist, Ph.D.

Profesor del Departamento de Entomología, Ohio State University,
Columbus, Ohio, Estados Unidos

Veronica Hoyos de Martens,
editor

Ball Publishing
Batavia, Illinois USA

Ball Publishing
335 North River Street
Batavia, Illinois 60510 EE.UU.

98 97 96 95 94   5 4 3 2 1

Ball Publishing espera que los lectores de este libro lo encuentren
informativo y útil. Los autores han tratado de proveer información acura y
corriente, pero el uso y disponibilidad del producto químico varea de
país a país. Siempre siga la instrucciones de la etiqueta sobre la correcta
formulación metodo de aplicación.

Library of Congress Cataloging-in-Publication Data

Powell, Charles C.
    El manejo integrado de los insectos, ácaros y enfermedades en los
  cultivos ornamentales / Charles C. Powell, Richard K. Linquist ;
  Veronica Hoyos de Martens, editor.
      p. cm.
    ISBN 1-883052-06-8
      1. Plants, Ornamental—Diseases and pests—Handbooks, manuals,
etc. 2. Plants, Ornamental—Diseases and pests—Integrated control—
Handbooks, manuals, etc. 3. Pesticides—Handbooks, manuals, etc.
I. Linquist, Richard Kenneth, 1942- . II. Hoyos de Martens,
Veronica. III. Title.
SB608.O7P695 1994
635.9'29—dc20   94-28537
                                                                      CIP

Tapa: diseño por Eduardo Hernández

Tabla de contenido

Prefacio

Capítulo 1   1
Enfermedades, insectos y ácaros comunes en los cultivos
ornamentales

Capítulo 2   21
Diagnóstico de los problemas

Capítulo 3   31
Manejo integrado de los insectos y ácaros

Capítulo 4   53
Manejo integrado de las enfermedades infecciosas

Capítulo 5   67
El uso de fungicidas en los cultivos ornamentales en inverde-
nero y campo

Capítulo 6   73
Actualización sobre el manejo de insectos y ácaros

Capítulo 7   85
El uso correcto de los plaguicidas

Capítulo 8   93
Aplicación de plaguicidas

Capítulo 9   105
Los doce errores más comunes al usar plaguicidas

Capítulo 10   111

Evite errores llevando registros de aplicación de plaguicidas

Capítulo 11   113

Medidas de seguridad en el uso de plaguicidas

Prefacio

Los temas aquí incluidos fueron seleccionados al principio para proveer literatura de referencia en español a los asistentes de los seminarios de un día, acerca del manejo de plagas y enfermedades presentados en toda Norte America. Sin embargo, actualmente utilizamos como guía al libro recientemente publicado, *Ball Pest & Disease Manual.*

La demanda de material de enseñanza en español para la primera serie de seminarios patrocinados por la Coalición Costarricense de Iniciativas de Desarrollo-Programa de Capacitación (CINDE-Procap) nos incitó a realizar las primeras traducciones al español. Más tarde se aporto más información la cual se tradujo con el fin de apoyar a los seminarios presentados por Ball Seed Company en México; y por La Junta Agroempresarial de Consultoria y Conversión, Inc. (JACC/ RD) en la República Dominicana.

La literatura en español acerca de plagas y enfermedades es poco común por lo que tenemos el gusto de presentar este libro a los productores de habla española.

El propósito de este libro es el proveer de la información teórica y práctica recopilada durante más de 40 años de experiencia de los autores. Hemos realizado esta edición con el fin de ayudar a los productores de cultivos de flor y follaje ornamentales. El estudio de su contenido le ayudará a reconocer y corregir sus problemas de plagas y enfermedades sin una enseñanza formal en estas materias.

Sinceramente,

Charles C. Powell, Ph.D.
Presidente del Servicio de Consultoria
para la Sanidad Vegetal
Worthington, Ohio
Estados Unidos

Richard K. Lindquist, Ph.D.
Profesor del Departamento de Entomología
Ohio State University
Columbus, Ohio
Estados Unidos

Capítulo 1

Enfermedades, insectos y ácaros comunes en los cultivos de flor y de follaje

La siguiente información tiene el propósito de ayudarle a reconocer problemas de plagas y enfermedades que pudieran occurrir en la producción de cultivos de flor y follaje en invernadero o a campo abierto. Así mismo auxiliarle con algunas ideas sobre su control.

El entendimiento de estas generalidades puede ayudarle a prevenir plagas y enfermedades y lograr un manejo integrado de la sanidad vegetal.

■ Enfermedades bacterianas

Las bacterias comprenden un variado grupo de microbios unicelulares que producen muchas enfermedades. Las enfermedades bacterianas más comunes son: el marchitamiento bacteriano del clavel (*Pseudomonas caryophylii*), podredumbre suave de esquejes, cormos y bulbos (*Erwinia chrysanthemi*), mancha bacteriana (fot. 1.1) de las plantas de follaje (*Xanthomonas* sp.), y la agalla de la corona (*Agrobacterium tumefaciens*).

Se pueden prevenir enfermedades bacterianas por medio de prácticas culturales. Siempre se debe usar planta libre de plagas y enfermedades proveniente de un proveedor acreditado. Cuando posible utilice esquejes provenientes de cultivo de tejidos.

Si las enfermedades bacterianas comienzan a presentarse en el cultivo, es importante evitar su diseminación tratando de no salpicar agua al regar las plantas. Es recomendable espaciar a las plantas y aclimatar al cultivo reduciendo la temperatura, fertilización y los riegos. Algunas veces la atomización de agroquímicos con cobre reduce la dispensión de la enfermedad.

Fot. 1.1 Tizón bacteriano en
Philodendron

■ Enfermedades por nematodos

Existen diversos tipos de pequeños gusanos nematelmitos que producen enfermedades en los cultivos ornamentales de flor y de follaje. Los nematodos de lesión y los nematodos de aguja (ambos *Paratylenchus*) causan enanismo (fot. 1.2) y disminución del crecimiento ya que al alimentarse dañan al sistema radicular. El nematodo agallador (*Meliodogyne*) causa la formación de nódulos en las raíces que impiden su función y causan enanismo de la planta. El nematodo de las yemas (*Aphelenchoides*) vive dentro de los tejidos de las hojas de muchos cultivos de flores. Produce la muerte del tejido foliar, resultando en lesiones de color marrón en las hojas más viejas.

El método principal para controlar a estos patógenos del suelo es un buen programa de sanidad. La esterilización de la tierra, por medio de vapor o fumigantes, eliminará a los adultos y a los huevecillos. En la etapa de crecimiento, se puede aplicar Oxamil granulado, o Vydate en forma de baño. Para los nematodos de la hoja, es muy efectivo atomizar con demeton (controlela etiqueta para verificar si se permite este uso).

Fot. 1.2   Area de plantas enanas causada por infestación de nematodos. Los nematodos de lesión y los nematodos de aguja (ambos *Paratylenchus*) causan enanismo y disminución del crecimiento ya que al alimenatarse dañan al sistema radicular. El nematodo agallador (*Meliodogyne*) causa la formación de nódulos en las raíces que impiden su función y causan enanismo de la planta.

Fot. 1.3   Anillos cloróticos en cineraria (*Senecio cruentus*) por marchitez con puntillos

■ Enfermedades virales

Los virus son agentes causales de enfermedades los cuales viven y se multiplican dentro de las células vivas de la planta hospedera. Generalmente se diseminan por contacto entre las plantas o por medio de insectos chupadores tales como pulgones o trips. Los síntomas que se presentan son variados, dependiendo del virus. Generalmente, las hojas afectadas presentan agrupamientos de nervaduras, mosaicos típicos (combinaciónes de áreas irregulares color verde oscuro y verde claro), punteados o manchas circulares (fot. 1.3). A veces, aparecen anormalidades del crecimiento semejantes a los daños causados por herbicidas. Por último, los virus pueden causar enanismo.

El control de las enfermedades virales se inicia con el uso de esquejes limpios provenientes de cultivo de tejidos, si están disponibles. Si llegue a observar síntomas de virus en un cultivo, trate de prevenir su diseminación, por controlando los insectos y evitando el manejo innecesario de las plantas. Deseche cualquier planta que presente síntomas.

■ Enfermedades por hongos
Oídio

Los hongos causales del oídio (*Erysiphe* sp.) son específicos en cuanto a su huésped. Por lo general cada cultivo de flor y follaje de invernadero es único, en cuanto a que el hongo polvoriento que lo infecta no infectará a otro cultivo. Los hospederos comunes del oídio

Fot. 1.4 Oídio en nochebuena (*Euphorbia pulcherrima*)

incluyen rosas (*Rosa* sp.), gerbera (*Gerbera* sp.), y crisantemos (*Crysanthemum morifolium*). El crecimiento blanco que aparece en las hojas y el tallo es el hongo que está creciendo en la superficie del tejido (fot. 1.4). Dentro de las células del tejido crecen pequeñas estructuras llamadas haustorios que dañan a la célula alimentandose de ella. El oídio generalmente no mata la planta, sin embargo causa feas lesiones que reducen enormemente la calidad de la planta o de la flor cortada.

El oídio se puede tratar eficazmente con agroquímicos, erradicando así al hongo y "curando" a las plantas. Sin embargo, las lesiones blancas permanecerán aunque el hongo haya muerto. El uso del control ambiental puede ser una medida muy eficaz para controlar al oídio también. En el invernadero, reduzca la humedad durante la noche, ventilando y calentando al atardecer. Use ventiladores para que el aire circule pero evite corrientes de aire.

Roya
Al igual que el oídio, la roya también es específica en cuanto a su huésped. Generalmente esta produce abundantes masas de esporas anaranjadas a rojo oscuro en el tejido foliar de la planta enferma. La roya se presenta en muchos cultivos de flor, principalmente geranios (*Pelargonium hortorum*), dragoncillos (*Antirrhinum majus*), claveles (*Dianthus caryophyllus*), crisantemos (*Crysanthemum morifolium*) (fot. 1.5) y rosas (*Rosa* sp.).

En su gran mayoría la roya es una enfermedad de clima fresco. Sus esporas se dispersan por medio de las corrientes de aire o en el agua

Fot. 1.5   Roya blanca en crisantemo (*Chrysanthemum morifolium*)

Fot. 1.6   La podredumbre radicular ocasiona raices suaves y de color marrón

que salpica. Ya que necesitan agua para germinar e infectar a la planta, su control comprende temperaturas elevadas, espaciamiento de plantas, riegos durante las primeras horas de la mañana y aplicación de fungicidas preventivos.

Podredumbres húmedas del cuello y la raíz

Se les llama mohos del agua al *Pythium* y a la *Phytophthora* porque sus esporas se diseminan por medio del agua de riego. Estos organismos atacan a una amplia variedad de plantas, causando podredumbres de la raíz, del tallo y de los esquejes. Las podredumbres no matan a la planta, pero sí "podarán" el sistema radical (fot. 1.6),

Fot. 1.7 *Thielaviopsis* en nochebuena (*Euphorbia pulcherrima*)

resultando en un mal crecimiento, amarillamiento o atrofiamiento de
la porción superior de la planta.

Los mohos del agua deben prevenirse por medio de un buen programa sanitario. Posiblemente estos organismos se encuentran
en todo tipo de suelo. Aunque el medio de siembra esté estéril, puede
haber contaminación proveniente de áreas menos limpias debajo de
las mesas de crecimiento del invernadero o cerca de las cañerías
de agua. Los mohos del agua se pueden controlar con mejorando
el drenaje del sustrato ya que los hongos no sobreviven en medios
con buen drenaje. Finalmente se pueden aplicar fungicidas por
remojo.

Otros hongos que pudren el tallo y la raíz (hongos imperfectos)
Además de los mohos del agua, hay muchos otros hongos que causan
pudriciones en la raíz y tallo. El hongo *Rhizoctonia* vive en la tierra
y ataca una gran variedad de cultivos. Algunas especies como *Fusarium, Cylindrocladium, Sclerotinia* y *Thielaviopsis* (fot. 1.7) se com-
portan de igual manera al anterior. Todos estos hongos pueden

sobrevivir en la tierra durante varios meses por medio de estructuras de descanso especialmente adaptadas.

El control nuevamente conlleva la esterilización de la tierra y programas de saneamiento. No siembre las esquejes a mucha profundidad. Cuando se presente la enfermedad en un cultivo, aplique agroquímicos por remojo. Los fungicidas que se usan para este tipo de hongos por lo general serán diferentes a los que se usan para los mohos del agua.

Marchitamientos

Los hongos *Fusarium oxysporum* (fot. 1.8) y *Verticullium* causan marchitamientos en un gran número de cultivos de flor. Estos hongos invaden las raíces, crecen a través del tallo y por último taponan el sistema vascular de la planta. Además de marchitamientos, a menudo estos causan una coloración marrón en el sistema vascular y poseen estructuras de descanso que les ayudan a sobrevivir de una cosecha a otra. Generalmente, los remanentes de la cosecha llevan estas estructuras.

Estos organismos son difíciles de controlar con agroquímicos. Los mejores métodos de control son la esterilización de la tierra antes de la siembra y el uso de esquejes provenientes de cultivo de tejidos, de ser posible. Un adecuado manejo para evitar estrés a la planta también ayuda.

Manchas foliares

Al igual que la roya y los oídios, los hongos causantes de las manchas foliares se diseminan a grandes distancias por medio de esporas aéreas que se posan en las plantas, infectandolas. El organismo patógeno más notorio en este grupo es la *Botrytis,* aunque la *Septoria, Alternaria* (fot. 1.9) y *Ascochyta* son comunes en muchos cultivos de flor y de follaje. Para que la infección ocurra estos hongos necesitan agua en la superficie de las hojas. Despues de infectando a la planta, los hongos diseminan sus esporas en el agua que salpica. Por lo tanto, la mejor manera de controlar o prevenir estas enfermedades es evitar el agua en las hojas y atomizar rutinariamente con fungicidas.

Podredumbre de esquejes y secadera de las plántulas

Ya se han mencionado los organismos responsables de la podredumbre de las esquejes y de la secadera de las plántulas. La podredumbre de los esquejes es a menudo causada por mohos del agua, bacterias,

Fot. 1.8 Marchitamiento por *Fusarium* en clavel (*Dianthus car-yophyllus*). Los hongos *Fusarium oxysporum y Verticullium* causan marchitamientos en un gran número de cultivos de flor. Estos hongos invaden las raíces, crecen a través del tallo y por último taponan el sistema vascular de las plantas. Además de marchitamientos, a menudo estos causan una coloración marrón en el sistema vascular y poseen estructuras de descanso que les ayudan a sobrevivir de una cosecha a otra. Generalment, los remanentes de la cosecha llevan estas estructuras.

Fot. 1.9 Mancha foliar por *Alternaria* en
Zinnia sp.

Fot. 1.10 Podredumbre por
Botrytis en nochebuena
(*Euphorbia pulcherrima*)

Rhizoctonia y *Botrytis* (fot. 1.10). La secadera invasión de mohos de
agua y *Rhizoctonia*.

El control de éstos organismos es el mismo que se usa para controlar
otras enfermedades que involucran organismos del suelo. Debe mantener tibias las charolas de germinación y las mesas de esquejes.

Fot. 1.11   Pulgones (*Myzus persicae*) adultos, ninfas y exoesqueletos en una hoja de crisantemo (*Chrysanthemum morifolium*)

Deje suficiente espacio entre los esquejes para evitar la dispersión rápida de hongos de una planta a otra. La propagación requiere gran atención a la sanidad y otros métodos de control de enfermedades. En la propagación no deben usarse fungicidas, a menos de que sean estrictamente necesarios.

■ Plagas comunes
Pulgones (Homóptera)

Los pulgones son insectos blandos y flácidos que se reproducen rápidamente (fot. 1.11). En los invernaderos y otras áreas tropicales, las hembras llegan a producir 50 o más ninfas durante su vida. Bajo condiciones normales de invernadero, las ninfas pueden madurar y comenzar a reproducirse en 7 días aproximadamente.

Los pulgones son insectos chupadores los cuales insertan su aparato bucal en el tejido vegetal para extraer los fluídos. Estos insectos producen una mielecilla pegajosa. Transmiten enfermedades virales y en grandes números pueden debilitar a las plantas. Su facultad para fastidiar, sin embargo, excede a su potencial de destrucción del cultivo. Aunque la resistencia a plaguicidas es muy amplia en este grupo y

Fot. 1.12   Mosquita blanca de los invernaderos (*Trialeurodes vaporariorum*)

existen predatores y parásitos, su control en ornamentales depende casi exclusivamente importante para su control.

Moscas blancas (Homóptera)

Las moscas blancas son comunes en muchos cultivos de flor y follaje ornamentales. Dos especies, la mosquita blanca de invernadero (*Trialeurodes vaporariorum*) (fot. 1.12) y la mosca blanca de la papa (*Bemisia tabaci*), causan la mayoría de los problemas. Al igual que muchos pulgones, las moscas blancas tienen aparato bucal picador-chupador. Al alimentarse las ninfas y adultos producen mielecilla. Todos los estadios de desarrollo (incluyendo huevecillos, ninfas, pupas y adultos) usualmente ocurren en el envés de las hojas. Las moscas blancas completan su ciclo de vida en 21 a 36 días, dependiendo de la temperatura.

Unas cuantas moscas blancas pueden ser fastidiosas, pero altas poblaciones pueden debilitar a las plantas. La mielecilla puede ser un sustrato para el hongo negro, fumagina. Además de deteriorar el aspecto de la planta, el hongo interfiere con el proceso de fotosíntesis y puede reducir el vigor de ésta hasta causarle la muerte. La mosca blanca de la papa (*Bemisia tabaci*) es capaz de transmitir varias enfermedades virales.

Cochinillas harinosas y escamas (Homóptera)

Varias especies de cochinillas harinosas (fot. 1.13) y escamas, blandas (fot. 1.14) y duras, pueden aparecer en las plantas de invernadero. Al igual que los pulgones y las moscas blancas, estos insectos poseen aparato bucal picador-chupador. Sólo las escamas blandas y las cochinillas harinosas producen mielecilla. Las verdaderas escamas poseen una cubierta que las protege de ciertos plaguicidas y otras

Fot. 1.13 Cochinilla harinosa de los citrus (*Panococcus citri*)

Fot. 1.14 Ninfas de escama suave (*Coccus hesperidum*)

sustancias dañinas del medio ambiente. Las escamas son inmóviles, excepto por el estadio de ninfa (gateadora). Las cochinillas harinosas son móviles en todos los estadios excepto cuando son huevecillos.

Las infestaciones frecuentemente ocurren cuando las plantas infectadas son traídas al invernadero. Unos pocos insectos pueden pasar desapercibidos, y cuando la infestación es obvia, el control es muy difícil. Los productores deben inspeccionar cuidadosamente sus plantas antes de llevarlas a los invernaderos en producción comercial.

Trips (Tisanóptera - *Tripidae*)

Los trips son insectos pequeños y delgados que miden aproximadamente tres milímetros de largo (fot. 1.15). Se alimentan de las flores, follaje y polen. Al alimentarse con una porción de su aparato bucal raspan a los tejidos de la planta y con la otra porción succionan la savia. Uno de los daños que causan es la deformación de las hojas y flores. La aparición de excremento en forma de puntillos negros confirma la infestación de trips. Varias especies comunes como el trips de las flores (*Frankliniella occidentalis*) y el trips de la cebolla (*Thrips tabaci*), transmiten virus que causan el marchitamiento con puntillos, el cual puede infectar a numerosos cultivos de flor y follaje ornamentales.

Los trips son difíciles de controlar porque infestan a las flores cuando el botón esta cerrado. Es necesario hacer varias aplicaciones para reducir las poblaciones, pero la resistencia a agroquímicos es muy extendida. En la producción comercial de plantas no se ha hecho uso del control biológico, sin embargo algunos experimentos realizados en los Países Bajos con ácaros predatores y otros insectos predatores han dado buenos resultados.

Minador de la hoja (Díptera)

Los minadores de hojas son larvas de pequeñas moscas amarillas con negro pertenecintes al género *Liriomyza* (fot. 1.16). La larva causa el mayor daño cuando se alimenta entre el haz y el envés de la hoja, dejando a su paso caminitos serpenteados o minas angostas. Los adultos pueden causar un daño notable al perforar la superficie de la hoja al momento de ovipositar. Estas perforaciones se vuelven blancas dando a la hoja una apariencia moteada.

La resistencia a plaguicidas tambien es un problema en el control de minadores, sin embargo algunos productos nuevos hacen posible el control por medios químicos. Existe una gran posibilidad de utilizar avispas parásiticas como control biológico.

Fot. 1.15   Trips adulto (*Frankliniella* sp.). Los trips son insectos pequeños y delgados que miden aproximadamente tres milímetros de largo. Se alimentan de las flores, follaje y polen. Al alimentarse con una porción de su aparato bucal raspan a los tejidos de la planta que causan la deformación de las hojas y flores. Con la otra porción bucal, el trips succionan la savia. El trips de la cebolla (*Thrips tabaci*), transmite virus que causan el marchitamiento con puntillos, el cual puede infectar a numerosos cultivos de flor y follaje ornamentales.

Fot. 1.16 Minador de la hoja adulto (*Liriomiza trifolii*)

Mosquita de los hongos (Díptera)

Las mosquitas de los hongos son pequeños y frágiles insectos gris-oscuro o negro que generalmente se observan recorriendo la superficie del suelo, especialmente donde está mojado. Las plántulas, esquejes enraizados y plantas jóvenes son susceptibles al ataque de las larvas de la mosquita que se alimenta de los pelos radicales o de las raices.

Además del daño físico que la larva causa en la raíz, la presencia de mosquitas adultas en las tiendas al menudeo, casas y hospitales es indeseable. Las plantas producidas en medios de crecimiento con un alto contenido de materia orgánica tienen más problemas por mosquita de los hongos.

La mayoría de las medidas de control para la larva de la mosquita de los hongos incluyen aplicaciones de plaguicidas por remojo. El control biológico es por medio de nematodos o ácaros predatores.

Orugas (Lepidoptera)

Muchas especies de larvas (fot. 1.17) de palomillas están presentes en los cultivos de flor y follaje ornamentales. La mayoría de las palomillas vuelan de noche y son atraídas por las luces a las áreas en

Fot. 1.17   Larva de *Lepidoptera* (*Trichoplusia ni*)

producción. Dependiendo de la especie, las hembras ovipositan uno o masas de huevecillos. Las larvas poseen aparato bucal masticador y llegan a consumir hojas y flores. Algunas especies barrenan los tallos y enrollan a la hoja con sus hebras de hilo sedoso.

A pesar de que este grupo muestra resistencia a plaguicidas, es posible su control por medio de insecticidas. Los insecticidas microbianos son efectivos contra algunas especies.

Arañita roja (Acárido - *Tetranychidae*)

La arañita roja de dos manchas (*Tetranychus urticae*), ataca a gran número de cultivos de invernadero. Su resistencia a plaguicidas ha incrementado en importancia en los últimos años.

En todos sus estadios las arañitas rojas (fot.1.18) succionan la savia de la planta, generalmente del envés de las hojas, dando una apariencia manchada o ligeramente moteada a la parte superior de la hoja. Cuando hay grandes infestaciones, la planta puede cubrirse de telarañas. Las arañitas rojas proliferan mejor en condiciones de alta temperatura y baja humedad relativa. Durante estas condiciones llegan a ocurrir crecimientos explosivos.

Ciertos plaguicidas (por ejemplo algunos piretroides) pueden estimular su reproducción. El uso de control biológico por medio de ácaros predatores puede ser práctico en ciertos cultivos.

Fot. 1.18   Hembra adulta y ninfa de arañita roja de dos manchas (*Tetranychus*)

Cuadro 1.1   Insectos, ácaros y enfermedades comunes

Cultivos	Enfermedades	Plagas
Crisantemos	Marchitamientos vasculares: *Fusarium, Verticillium* Podredumbre algodonera de la raíz: Sclerotinia Pulgon Ligula: Ascochyta Pulgon de *Botrtris* Roya Oídio Virus	Pulgones Trips Minadores la de hoja Acaros arácnidos Orugas Mosca blanca
Clavel	Marchitamiento vascular *Fusaruim, Phialophora* *Pseudomonas* Trips	Pulgones Acaros arácnidos Orugas Podredumbre del tallo: *Fusarium* Podredumbre del cuello: *Rizoctonia*

Cuadro 1.1 continuado

Cultivos	Enfermedades	Plagas
Rosa	Oídio Mancha negra Roya Pulgón de *Botrytis* Marchitamiento: *Verticillium* Cancros Virus Agalla de cuello	Pulgones Trips Acaros arácnidos Orugas

Gypsophilia	Podredumbre del
	  cuello: *Rizoctonia*
	Podredumbre del cuello
	  y raís: hongos de
	  agua
	Agalla de cuello
		Trips
		Minadores de la hoja
		Acaros arácnidos
		Acaros Iarsonemidas

Gerbera	Oídio
	Podredumbre del
	  cuello: *Fitóftora*
	Manchas de la hoja y
	  podredumbre del
	  cuello
	Pseudomonas
		Mosca blanca
		Trips
		Minadores
		Acaros arácnidos
		Acaros tarsonemidas

Estatice	Pulgón de *Botrytis*
	Podredumbre del
	  cuello: *Collectotrichum*
	  Sclerotium, Rizoctonia
	Antracnose: *Colltotri-*
	  chum
	Virus
		Delia

Cala	Podredumbre suave: *Erwinia* Manchas de la hoja	Cochinillas harinosas Trips Coleoptera

Capítulo 2

Diagnóstico de los problemas

La habilidad de ser un buen especialista de ornamentales depende en gran medida de la capacidad para identificar rápidamente el origen de los problemas en las plantas. Para ello hay que elaborar un diagnóstico.

El diagnóstico consta de tres áreas diferentes; la primera es la percepción del problema, la segunda es la determinación de la o las causas y la tercera es la planificación de una solución para el problema. Una parte importante del procedimiento diagnóstico es tratar estas tres áreas con un pensamiento ordenado.

■ Percepción de los problemas

Esta etapa generalmente comienza con la aparición de los síntomas. Un síntoma se define como una condición anormal que llama la atención. Un buen experto en diagnosis es el que puede reconocer un síntoma antes que los ojos de un inexperto puedan hacerlo.

Hay cuatro perspectivas que pueden considerarse en el aprendizaje de aumentar la habilidad para percibir un síntoma. Una es el análisis detallado u observación minuciosa, que es la más utilizada en la búsqueda de síntomas y puede ser muy efectiva (fot. 2.1). Con frecuencia se usan lupas para examinar los tejidos vegetales. Los ácaros y los oídios pueden diagnosticarse rápidamente usando este sistema.

En muchos casos sin embargo un vistazo general es tan importante como un análisis detallado, esta es la segunda de las perspectivas. Por ejemplo, un vistazo puede ayudarle a determinar el origen de los ácaros y los oídios.

Otro punto importante es tener una idea del tiempo en que un síntoma o grupo de ellos empezó a manifestarse, esto involucra la idea

Fot. 2.1   La muerte de plantas al azar indica la presencia de algún problema

de tiempo. Las plantas no pueden hablar para decirle cuando comenzaron su enfermedad. No obstante se puede aprender a evaluar y reconocer esta perspectiva usando el conocimiento y métodos indirectos. Por ejemplo, los productores experimentados saben conducir registros rutinarios para hallar en los mismos el origen de los problemas. Puede presentarse por ejemplo un cambio de coloración (amarronamiento) en las hojas inferiores de un cultivo de geranios (*Pelargonium hortorum*) en abril. La revisión de los procedimientos de riego puede revelar que en febrero se había iniciado un nuevo método de irrigación o programa de fertilización. Este hecho sugeriría que esta condición de las hojas podría relacionarse con una sanidad deficiente de la raíz debido al estrés por los cambios producidos en febrero.

Finalmente no debemos olviadar que nuestro conocimiento y experiencia pueden ayudar en el reconocimiento de los síntomas. Aprendemos (a medida que estudiamos acerca de las plantas) que hay ciertos puntos generales que debemos buscar según las diferentes situaciones y los diversos tipos de plantas. La aralia (*Schefflera actinophyla*), por ejemplo, es particularmente susceptibles a los ácaros. Con frecuencia se ve que la hiedra (*Hedera helix*) presenta bacteriana (fot. 2.2) y el geranio (*Pelargonium hortorum*) puede contraer *Botrytis* con facilidad.

Fot. 2.2 La mancha foliar bacteriana es común en hiedra (*Hedera helix*)

■ Determinación de las causas de los problemas

Generalmente los problemas de las plantas no provienen de una sola causa aislada. Puede haber una causa principal u obvia, tal como la presencia de un ácaro o de un hongo. Sin embargo existen además otras condiciones de estrés asociadas al medio ambiente, que deben ser diagnosticadas. Debemos clasificar las causas mediante perspectivas correctas y un pensamiento ordenado.

El pensamiento ordenado se realiza facilmente en formulando una serie de preguntas acerca del material vegetal. Es posible que se necesite hacer una lista de síntomas y preguntas. La clave es pensar ordenadamente, no ser repetitivo y no desviarse por la tangente innecesariamente.

Una de las áreas de diagnóstico que presenta más dificultad es la determinación de las causas que producen síntomas no específicos. Aunque estos síntomas no específicos—tales como: hojas amarillentas, caída de las mismas, coloración marrón en sus extremos o bordes— pueden ser serios y detectados con facilidad, no necesariamente se relacionan con un causa específica. Pueden haber cientos de factores adversos en el medio radicular que podrían ser la causa de los síntomas. En el cuadro incluido en este capítulo se dan algunos ejemplos de síntomas no específicos y sus posibles causas.

La única manera de determinar correctamente el origen de un problema cuando éste comienza con un síntoma no específico es tratar

Cuadro 2.1   El guía general de diagnóstico para plantas que exhiben síntomas en las hojas de carácter no específico

Síntomas	Posibles causas
Quemaduras de los extremos	Pobre desarrollo radicular por excesiva irrigación, sequedad del suelo (especialmente entre riegos), fertilizaciones excesivas o presencia de otras sales solubles en el suelo. Toxicidad asociada a un nutriente específico (tal como flúor, cobre o boro). Excesivo calor o demasiada luz. Daño mecánico o causado por plaguicidas. Polución ambiental.
Manchas foliares o manchones	Sequedad excesiva del suelo asociado con altas temperaturas. Daños por pulverizaciones químicas. Infecciones por hongos o bacterias.
Follaje verde-amarillento en las hojas mas viejas	Insuficiente fertilización, normalmente nitrógeno. Pobre desarrollo radicular debido a un pobre drenaje. Insuficiente luz por excesivo sombreado. Enfermedades de podredumbres radiculares.
Follaje verde-amarillento en las hojas más nuevas	Imbalance del pH del suelo. Imbalance de elementos traza.
Follaje amarillento en toda la planta	Exceso de luz. Insuficiente fertilización. Altas temperaturas, especialmente asociadas con falta de riego. Podredumbre de la raíz debido a infestación de insectos o enfermedades.
Follaje amarillento en una rama	Cancro bacteriano o fungoso. Daño. Infección fungosa del sistema vascular.

Cuadro 2.1 continuado

Síntomas	Posibles causas
Caída de las hojas	Salud radical pobre debido a exceso de riego, falta de riego, fertilización excesiva o presencia de otras sales solubles en el suelo. Cambios drasticos de luz, temperatura o humedad relativa. Infestación de ácaros o insectos.
Follaje marchito	Salud radical pobre debido a exceso de riego, falta de riego, fertilización excesiva o la presencia de otras sales solubles en el suelo. Toxicidad por químicos aplicados en el suelo. Enfermedades que causan podredumbres radiculares. Cancro bacteriano o fungoso.
Hojas amarillentas con pequeñas punzaduras, posteriormente las hojas se necrosan y caen	Infestación de arañita roja. Polución ambiental. Infestación de insectos. Bajo pH.
Follaje deforme	Daño por herbicidas. Infección viral. Infestación por insectos o ácaros.

Con el objetivo de determinar las causas de los problemas, elabore listas de síntomas. Observe síntomas específicos asociados a estos síntomas no específicos.

de encontrar otros síntomas y recopilar más información. Aún cuando este conjunto de síntomas incluye un grupo de condiciones individuales no específicas, podría de la misma manera conducirnos a la solución correcta sobre la o las causas. Supongamos que un problema comienza con el amarillamiento de las hojas. Sería posible aumentar la lista de los síntomas observando:

1) ¿En que lugar de la planta se encuentran las hojas amarillentas en la planta?
2) ¿Cuándo comenzaron a aparecer?
3) ¿Qué condiciones culturales diferentes sucedieron al cultivo?
4) ¿Qué otras condiciones pueden verse?, ¿amarronamiento?, ¿caída de las hojas?, ¿modificación del tamaño de las hojas?
5) ¿Qué condiciones del suelo están presentes?, ¿está húmedo?, ¿seco?, ¿compactado?, ¿ácido?, ¿salino?

Quizás se necesite la ayuda de un diagnóstico clínico externo o de un servicio de análisis de suelo. El resultado final de todas estas investigaciones será una creciente habilidad para diagnosticar la causa de los síntomas y planear correctamente una solución.

■ Enfermedades infecciosas

El reconocimiento de las enfermedades infecciosas en flores, hojas y partes del tallo es a veces más difícil que reconocer los daños por ácaros, pues los patógenos no se ven directamente. Posiblemente no se esté familiarizado con los patógenos y la apariencia de los daños que causan.

La mayoría de las veces los patógenos que se encuentran son hongos. El hongo a menudo crece en la hoja de manera similar a la del moho que se desarrolla en el pan o en una podredumbre en frutas o en verduras. Busque una mancha circular. Algunas veces una mancha cubre parcialmente a otra dando una apariencia manchada. Compruebe la presencia de anillos concéntricos en las manchas los cuales dan una apariencia de ojo de buey. En los tallos y hojas de la planta puede a veces haber evidencias de la presencia de las esporas del hongo (fot. 2.3). Verifique la existencia de crecimiento algodonoso suelto en la superficie de la planta, tal como el que ve en los oídios. También busque puntos negros como pústulas en el interior del tejido

Fot. 2.3 En esta planta enferma se aprecian las esporas de *Botrytis*

dañado. Esas pústulas son formaciones del hongo en las cuales crecen esporas que posteriormente son liberadas hacia afuera. Existen muchos patógenos fungosos que afectan los cultivos de invernadero y que producen lesiones de diferentes tamaños, formas y colores.

Las enfermedades bacterianas se presentan como manchas aceitosas, grasosas o húmedas que se hacen visibles dando vuelta la hoja y apreciando la lesión en la superficie inferior (envés) de la hoja. Algunas enfermedades bacterianas son de naturaleza sistémica y causan atizonamiento, marchitamiento y ennegrecimiento de las ramas. Un problema bacteriano común es la podredumbre blanda de los tallos de las plantas.

Las enfermedades virales con frecuencia se presentan formando diseños de anillos amarillentos o verdes claros en el follaje de las plantas. La deformación de las hojas también puede estar asociada a enfermedades virales. Es poco lo que conocemos acerca de la frecuencia con que ocurren los virus en los cultivos de invernadero.

La podredumbre infecciosa de las raíces puede en cierta medida diagnosticarse observando directamente el sistema radicular. Un cambio en el color natural o la aparición de raíces parduzcas o negruzcas generalmente indican que la raíz se esta podriendo. La posibilidad de deprender el tejido radicular externo con los dedos (quedando debajo la corteza de la raíz con la apariencia de cordón) es un buen signo de que la podredumbre está presente (fot. 2.4).

Fot. 2.4 El tejido suave y color marrón indica la presencia de la enfermedad por podredumbre de la raíz

A fin de determinar la sanidad del sistema radicular, usted debería conocer las características que distinguen a una raíz sana—firmeza al tacto y usualmente de coloración blanca.

Una de las áreas que presenta mayor dificultad de diagnóstico es el área relacionada a los problemas de la sanidad radicular. Esto se debe a que a veces los síntomas que provenienen de una enfermedad de la raíz se manifestan en manera no especifica en la parte vegetativa de las plantas y son dificiles de interpretar correctamente. Marchitamiento, amarillamiento, enanismo, quemadura de los bordes de las hojas, caída de las hojas, o muerte de las plantas son factores a tener presentes en relación a la sanidad de la raíces. Sin embargo, como se sabe, puede haber cientos de factores adversos al medio ambiente radicular que colocan en primer lugar a los problemas de la sanidad de las raíces. Lo que se debe hacer es ir más allá de nuestras evidencias sintomatológicas acercándonos al problema de la raíz para ver si podemos diagnosticar alguna situación inadecuada. La toma de muestras y análisis de suelo, evaluación de diferentes mezclas de suelo y la apreciación visual y el cultivo de porciones de tejidos de raíz en el laboratorio, son todos métodos que ayudan a diagnosticar el problema correctamente.

■ Planificación de las soluciones

La planificación de soluciones resulta más fácil si el diagnóstico es hecho en forma cuidadosa y correcta. También aquí podemos comenzar a pensar cuidadosamente en general acerca de las soluciones y escoger nuestro plan de entre los métodos y soluciones usados en la práctica.

Hay solo cuatro consideraciones generales en relación al mantenimiento o corrección de los problemas de sanidad. Primero podemos prevenir los problemas usando técnicas sanitarias apropiadas. Por supuesto este es por lejos el mejor método usado en el manejo del material vegetal.

Otro concepto general es curar la enfermedad por el uso correcto de insecticida o por poda y remoción de la parte de la planta afectada. Un sistema radicular afectado por deficiencias en el drenaje puede ser curado por el solo hecho de cambiar la maceta, restableciendo así condiciones adecuadas.

En general los remedios no son fáciles de usar pues frecuentemente se aplican a una de las varias causas del problema. Por ejemplo el ambiente cálido o muy seco puede provocar la presencia de ácaros. Si la planta se pulveriza con un acaricida, los ácaros morirán pero el problema no se solucionará pues no ha sido atacada la verdadera causa del mismo—condiciones de excesivo calor y sequedad del medio ambiente.

Otro enfoque general al problema de la sanidad es aceptar la situación. En muchos casos la tolerancia es nuestra única alternativa, pero en los invernaderos comerciales esta no es la opción más conveniente.

En muchos casos la única manera práctica y económicamente factible de mantener la sanidad es reciclar o comenzar con nuevos materiales a intervalos cortos. Esto implica un procedimiento continuo y costoso, pero a menos que se apliquen métodos para terminar o corregir las causas de los problemas de sanidad no habra otra alternativa.

Recuerde, el diagnóstico de los problemas en cultivos ornamentales de invernadero es un proceso de tres pasos. Primero, usted debe percibir correctamente el problema en su totalidad. Segundo debe determinar correctamente la o las causas; asegúrese de verificar si existe estrés ambiental, así como la presencia de patógenos o plagas. Tercero debe organizar un plan de acción para solucionar el problema y evitar que continúe o que ocurra de nuevo en el futuro.

La atención que otorgue a cada una de estas áreas requiere pensamiento ordenado, recolección de información y planeamiento cuidadoso. Mientras que la experiencia y el conocimiento pueden ayudar mucho, un buen floricultor sabe que siempre puede aumentar su capacidad de diagnóstico. De esta manera el diagnóstico representa una parte importante de su éxito continuo como conductor de sanidad vegetal.

Capítulo 3

Manejo integrado de los insectos y ácaros

Este capitulo hace una breve reseña del estado actual y el control de las principales plagas de los cultivos de flor y follaje ornamentales protegidos. La producción de este tipo de cultivo, bajo cubierta, que se destina a exportación es un negocio difundido en todo el mundo y constituye el principal componente del ingreso agricola en varios paises.

A raíz de la similitud de los cultivos que se producen, existe un grupo consistente de insectos y de ácaros, plagas que incluyen: pulgones, moscas blancas, minadores de la hoja, trips, orugas y arañita roja.

Ocasionalmente, las plagas dentro de este grupo se tornan en un severo problema y pueden constituir en uno de los factores limitantes de la producción de los cultivos. Ejemplo de ellos son los minadores de la hoja *Liriomyza trifolii* (Díptera: *Agromizidae*), trips de las flores del oeste, *Frankliniella occidentalis* (Tisanoptera: *Tripidae*) y el gusano soldado *Spodoptera exigua* (Lepidóptera: *Noctuidae*). Estas especies no sólo han sido muy difíciles de controlar, sino que han aparecido en diferentes partes del mundo de donde no son originarias. Estas plagas conjuntamente con los continuos problemas ocasionados por otras especies de insectos y ácaros incluyendo los pulgones, especialmente *Myzus persicae* (Homóptera: *Afididae*), las moscas blancas *Trialeurodes vaporariorum* y *Bemisia tabaci* (Homóptera: *Aleirodidae*) y las arañitas rojas de dos manchas *Tetranychus urticae* (Acárido: *Tetranichidae*), han constituido un gran desafío para los productores, investigadores y asesores, en lo que se refiere a implementación de esquemas de manejo para el control de plagas.

Las razones para el crecimiento de las plagas a niveles severos y su difusión resultante son debidas a uno o más de los siguientes factores:

1) Conocimiento biológico inadecuado.
2) Sistema mundial de producción y distribución de plantas.

3) Resistencia a los plaguicidas.
4) Fallas o falta en la cuarentena.
5) Manejo inapropiado de los plaguicidas.

Todos estos factores están interrelacionados y pueden contribuir a la aparición de problemas con insectos o ácaros. Pero la resistencia a los plaguicidas, el manejo inapropiado de los mismos y su distribución en las plantas, probablemente son las causas más inmediatas de los problemas.

Entre los temas discutidos en este capítulo, se documenta la resistencia a uno o más plaguicidas por cada especie. Muchos cultivos de flor y follaje ornamentales son producidos por especialistas en propagación que los reproducen llevando a cabo programas intensivos con plaguicidas que garanticen a los productores un material libre de plagas. Si los productores adquieren material que lleva plagas resistentes a plaguicidas, estos insectos pronto aparecerán en los lugares donde las plantas son comercializadas.

■ Trips (Tisanóptera - *Tripidae*)

Existen alrededor de 5,000 especies de trips de las cuales cientos atacan las plantas cultivadas. Sólo unas pocas especies causan problemas en los cultivos de flor y follaje ornamentales, pero estos pueden ser severos. Estas especies incluyen: trips de la cebolla (*Thrips tabaci*), trips de los invernaderos (*Heliothrips haemorrhoidalis*), trips de las flores (*Frankiniella tritici*), y trips de las flores del oeste (*F. occidentalis*). La especie *Thrips palmi* (trips de las orquídeas) está incrementando su importancia como plaga mundial. *F. occidentalis* es un excelente ejemplo (junto con *L. trifolii*) de una plaga anteriormente secundaria, que se ha vuelto extremadamente difícil de manejar y se ha expandido grandemente fuera de su área de origen.

Biología

Las hembras producen cientos de huevecillos los cuales depositan en la planta. Al nacer, las pequeñas larvas amarillas se alimentan de la savia de los tejidos. Se mudan dos veces durante su ciclo de vida de siete a trece días de duración. Después del proceso de muda las larvas se dejan caer al suelo donde cumplen varios estadíos de transformación hasta convertirse en adultos.

Impacto económico

Los trips reducen el valor de las plantas directamente, deformando y descolorando las flores. El trips de las flores del oeste (*Frankliniella occidentalis*) causa serious problemas en los principales cultivos de flores, tales como rosa (*Rosa* sp.), crisantemo (*Chrysanthemum* sp.), gisofila (*Gysophila paniculata*) y gerbera (*Gerbera jamesonii*), a través de daños directos por alimentación u ocasionando molestias. *F. occidentalis* se alimenta también del polen y néctar de las plantas tales como la violeta africana (*Saintpaulia ionantha*), causando además senescencia prematura. Un problema adicional con algunas especies es la transmisión del virus causante de la marchitez manchada o peste negra. Muchas especies, como *T. tabaci* y *F. occidentalis,* son vectores de esta enfermedad. El virus esta ampliamente distribuido. Las plantas pertenecien a más de 30 familias de ornamentales y cultivos de hortalizas que pueden actuar como hospederos del virus. El trips adquiere el virus durante su estadio larval, en sólo 30 minutos de alimentación, y ambos, larva y adulto pueden transmitirlo.

Control físico/cultural

Para un programa existoso de control de trips es necesario un sistema de monitoreo usando trampas pegajosas de color (azul o blancas son mejor, amarilla es aceptable). Los daños que causan generalmente no son visibles hasta que las hojas y flores maduran (fot. 3.1), por lo que es muy importante detectar la infestación tan pronto como sea posible.

Fot. 3.1 Trips adultos (centro) y manchas fecales negras producidas por los trips.

Plaguicidas

En general el control de trips con insecticidas es difícil. Muchas especies pueden sobrevivir en muchas plantas hospederas cultivadas o silvestres, las cuales pueden servir como fuentes de infestación y reinfestación. Los estadios más susceptibles se presentan solamente durante un tercio del ciclo total de vida. Es muy difícil alcanzar a los trips en el interior de las plantas y en los capullos florales donde se esconden, de manera que las estrategias de control actuales están basadas en aplicaciones frecuentes (a intervalos de tres a cinco días) de alto volumen (AV) y bajo volumen (BV), aerosoles y humos para proteger las flores y follaje en desarrollo.

Se han intentado fumigaciones post-cosecha de las flores con bromuro de metilo, radiación gama y atmósfera modificada (con bajo nivel de oxígeno y alto nivel de bióxido de carbono), como vía posible para eliminar los trips (y otras plagas). Aunque ninguno de estos métodos ha sido completamente exitoso, habrá probablemente situaciones en las cuales pueden ser usados.

Control biológico

La mayoría de las investigaciónes sobre trips consisten en la introducción de los ácaros predatores, *Neoseiulus cucumeris* y *N. barkeri*. Ambas especies han sido criadas y distribuidas por insectarios comerciales e instituciones de investigación. Hasta la fecha, se ha reportado un control exitoso de *T. tabaci* en cultivos de pimientos en los Paises Bajos. Otras investigaciones han mostrado la efectividad de estos predatores en cultivos de crisantemos (*Chrysanthemum morifolium*) y gerbera (*Gerbera jamesonii*). Son necesarios muchos más trabajos sobre tasas de liberación e intervalos antes de realizar un juicio definitivo.

Sin embargo si se usan plaguicidas compatibles, o los predatores son resistentes a plaguicidas, estos ácaros podrían ser útiles en un programa de manejo integrado.

Los antocóridos, *Orius tristicolor* y otras especies, se han mencionado como predadores de los trips, incluyendo a *T. tabaci* y *F. occidentalis*. No hay informes disponibles concernientes a la crianza y liberación programada de estos insectos.

Algunos hongos atacan los trips, *Entomophthora thripidum* se ha encontrado en varias partes del mundo. *Verticillium lecanii* ha sido evaluado en formulaciones experimentales y comerciales. Otro hongo

Paecilomyces fumosoroseus ha proporcionado excelente control en varios cultivos. Hasta ahora, no se dispone de preparaciones de hongos para el control de trips.

■ Minadores de la hoja (Díptera - *Agromizidae*)

De aproximadamente 150 especies pertenecientes a la familia *Agromizidae* que se alimentan de las plantas cultivadas, sólo una docena de especies tienen un rango de hospederos lo suficientemente amplio para causar problemas en cultivos protegidos y a campo abierto. Algunas de las especies más conocidas son: *Liriomyza sativae, L. trifolii, L. bryoniae, L. huidobrensis* y *Chromatomyia syngenesiae*. Recientemente, *L. trifolii* ha sido considerada como la plaga más importante. A fines de los años 70, L. trifolii causó serios problemas en los invernaderos de Norte América, principalmente en crisantemos (*Chrysanthemum morifolium*), gisofila (*Gysophila paniculata*), gerbera (*Gerbera jamesonii*) y plantas de almácigo. Poco después, se reportaron infestaciones de *L. trifolii* en estos mismos cultivos en otras áreas del mundo.

Biología

Cada hembra es capaz de producir cientos de huevecillos. Esta perfora los tejidos vegetales para ovipositar los huevecillos en el interior de la planta. El minador de la hoja puede completar su ciclo de vida en 10 a 40 días y la duración de éste depende de diversos factores, entre ellos la temperatura y el tipo de cultivo. El estadio pupal ocurre fuera de las plantas, fuera o dentro del medio donde crecen.

Impacto económico

En cultivos de flor y follaje ornamentales, fue instituida la regulación de la cuarentena por muchos paises para prevenir el establecimiento de *L. trifolii,* y evitar un impacto económico directo por el daño severo que causa a los cultivos. Es difícil de cuantificar el daño económico a menos que el cultivo sea destruido totalmente. Sin embargo en California, Estados Unidos, se estimó que *L. trifolii* ocasionó una pérdida de 23 a 27% en el cultivo de crisantemo (*Chrysanthemum morifolium*) (fot. 3.2), en los últimos 4 años. Además del perjuicio económico directo, los productores debieron invertir más de $15 millones de dólares en programas de control.

Fot. 3.2   Daños causados por minador de la hoja en crisantemo (*Chrysanthemum morifolium*). Pueden presentarse muchas minas en una sola hoja.

Control físico/cultural

El monitoreo de poblaciones adultas con trampas amarillas pegajosas es importante para detectar el potencial futuro de infestación y observar el éxito o fracaso de los esquemas de manejo. Para este propósito, las trampas deben ser espaciadas entre ellas aproximadamente 15.25 m en el invernadero.

El tratamiento de esquejes de crisantemos (*Chrysanthemum morifolium*), enraizados por una acción combinada de almacenamiento en frío (1–2° C) y fumigación con bromuro de metilo, ha sido eficiente contra los huevecillos y las larvas de *L. trifolii,* pero menos efectivo contra las pupas.

La nutrición de la planta es muy importante también, pues la ocurrencia de minadores es mayor en plantas que reciben cantidades más altas de nitrógeno.

Plaguicidas

L. trifolii es más difícil de controlar con insecticidas que los otros minadores de la hoja que atacan cultivos de flor y follaje ornamentales. Esta especie aparentemente tiene una gran habilidad de desarrollar resistencia a los plaguicidas. En Florida la mayoría de los insecticidas usados para el control de *L. trifolii* tienen una vida útil de aproximadamente 3 años antes de volverse inefectivos. La rápida aparición de resistencia a los piretroides entre las poblaciones de minadores de la hoja puede deberse al uso extensivo del DDT y otros insecticidas en años previos. Esta resistencia se caracteriza como del tipo "kdr," o "resistencia knockdown", que involucra las membranas nerviosas y aparentemente es muy estable. Al igual que *L. trifolii,* aparentemente *L. huidobrensis* ha desarrollado resistencia a plaguicidas.

Control biológico

La mayoría de los programas experimentales de control biológico contra el minador de la hoja incluyen uno o más parásitos Himenópteros. El género Dacnusa, Opius (*Braconidae*), *Diglifus* (fot. 3.3), Crisocharis, Crisonotomia (*Eulofidae*) y Halticóptera (*Pteromalidae*) son los más frecuentemente mencionados.

Una serie de experimentos en California, Estados Unidos, con crisantemos (*Chrysanthemum morifolium*), indicaron que hay un buen potencial para el control biológico de *L. trifolii* utilizando *Diglyphus intermedius* y *Chrysocharis parksi*. Otros cultivos tales como la gerbera (*Gerbera jamesonii*), se pueden incluir en programas de control el perforador de la hoja.

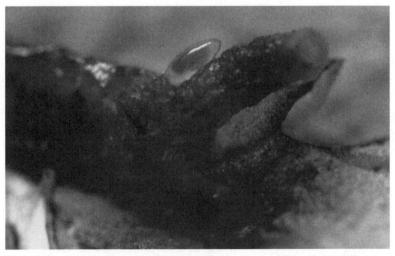

Fot. 3.3 Larva de minador de la hoja (removido del tejido foliar) parasitado por *Diglyphus* sp. Muchas otras especies también atacan a la larva de minador.

■ Moscas blancas (Homóptera - *Aleirodidae*)

La mosca blanca más importante que ataca los cultivos de flor y follaje ornamentales protegidos, es la mosquita blanca de los invernaderos, *Trialeurodes vaporariorum.* Este insecto ha causado problemas en estos cultivos desde hace 100 años y todo parece indicar que lo seguirá haciendo. Otra especie *Bemisia tabaci,* la mosca blanca de la papa, esta difundida también y es actualmente considerada como plaga de los cultivos de flor y follaje ornamentales protegidos en Norte América. En algunos cultivos, como la nochebuena (*Euphorbia pulcherrima*) esta especie puede constituir un mayor peligro.

Biología
Las hembras pueden producir 150–300 huevos. Al cabo de una semana aparecen las primeras ninfas, las cuales se desplazan a cortas distancias antes de establecerse para alimentarse. Después de tres mudas se forma el estadio pupal, del cual emergen los adultos a los 6 días. De este modo completan su ciclo de huevo-a-adulto en 21 a 36 días, dependiendo de la temperatura del invernadero. Por su alimentación tanto los adultos como las larvas pueden causar el debilitamiento de las plantas. Pero la producción de exudados (mielecilla) y del hongo de negrilla resultante, causan interferencia con la fotosíntesis, reduciendo el vigor o aún causando la muerte de la planta.

Impacto económico
En los cultivos de flores, unas pocas moscas blancas pueden ser fastidiosas, pero un mayor número de ellas produce el debilitamiento de la planta y una cantidad suficiente de exudados que actúan como sustrato del hongo mencionado. Si éste logra establecerse pueden morir las hojas o aún la planta entera. Otros tienen una gran importancia como transmisores de virus, aunque hasta ahora la transmisión de virus por mosca blanca en plantas ornamentales no ha sido un problema.

Control físico/cultural
Se utilizan trampas pegajosas amarillas para la detección de adultos. Para obtener mayores resultados coloque de una a cuatro trampas por cada 16 metros en el invernadero. Es necesaria una inspección de las plantas en todas las áreas del invernadero por lo menos una vez a la semana. Aprenda a reconocer los diferentes etapas de desarrollo del insecto.

Plaguicidas

Los programas corrientes de control de mosca blanca se basan a menudo en la prevención. Se aplican insecticidas sistémicos al comienzo del ciclo del cultivo, seguidos por aplicaciones frecuentes de pulverizaciones en aerosol o niebla. Existe un gran problema por resistencia a plaguicidas. Hoy en día se utilizan comúnmente combinaciones o mezclas de diferentes familias químicas para el control de mosca blanca. Las aplicaciones deben ser a intervalos de 5 a 6 días por 30 días.

Control biológico

El enemigo natural primario usado contra la mosca blanca, es la avispa parásita *Encarsia formosa*. El uso de este parásito está difundido en cultivos protegidos de tomate y pepino en Europa y Canadá, pero han habido escasos intentos para utilizarlo en los cultivos de flor y follaje ornamentales. Los cultivos de nochebuena (*Euphorbia pulcherrima*), gerbera (*Gerbera jamesonii*) y alstroemeria (*Alstroemeria* sp.) ofrecen excelentes posibilidades para el uso de este parásito. *Encarsia formosa* (fot. 3.4) es efectiva contra poblaciones de Bemisia. Sin embargo otros parásitos similares también pueden ser útiles como

Fot. 3.4 Parasitoide (*Encarsia formosa*) de mosquita blanca. Estos han sido usados en todo el mundo para el control de mosca blanca (*Bemisia* y *Trialeurodes*) pero principalmente en verduras y hortalizas de invernadero.

el escarabajo predador *Delphastus pusillus*. Este predador es de mayor utilidad cuando la población de mosca blanca incrementa a un grado tal que los parásitos pierden su efectividad.

Los hongos también son utilizados como control biológico, por ejemplo *Verticillum lecanii* y *Paecilomyces fumosoroseus*. Aunque es utilizado en Europa *V. lecanii* no esta actualmente disponible en formulaciones comerciales en Norte América. Los resultados del uso experimental y comercial de *V. lecanii* han sido variados y no se dispone de firmes recomendaciones para la utilización de este hongo. *P. fumosoreseus* esta siendo desarrollado comercialmente en los Estados Unidos y otros paises. Las aplicaciones por atomización han sido efectivas para controlar moscas blancas en ambientes con alta humedad relativa de invernadero.

■ Pulgones (Homóptera - *Afididae*)

Entre las especies principales de pulgones que se encuentran en los cultivos de flor y follaje ornamentales de invernadero están *Macrosiphoniella sanborni, Macrosiphum rosae, Aphis gossypii, Brachycaudus helichrysi* y *Myzus persicae* (fot. 3.5). Este último, el pulgón verde del duraznero, es más frecuentemente mencionado a raíz del amplio rango de plantas hospederas y de la dificultad de su control.

Fot. 3.5 Hembra adulta y ninfa de pulgones (*Myzus persicae*). (foto cortesia de Ohio Agriculture Research and Development Center)

Sin embargo *A. gossypii,* el pulgón del algodón/melón, también puede ser muy difícil de manejar. A corto plazo los pulgones pueden alcanzar (o remplazar) a los trips y minadores de la hoja, como las principales plagas de cultivos de flor y follaje ornamentales, debido a su resistencia a los plaguicidas.

Biología

En invernadero, todos los pulgones son hembras que producen ninfas jóvenes, cada hembra puede producir alrededor de 50 ninfas durante su vida. Comenzar a reproducirse en 7 a 10 días. Los pulgones adultos pueden ser alados (fot. 3.6) o sin alas. Los individuos alados se forman a veces según la densidad de la población y/o las condiciones de la planta hospedera. Son capaces de dispersarse dentro del invernadero y son a menudo los primeros en arribar procedentes del exterior (por ejemplo provenientes de cultivos de campo, sitios de invernación, etc.).

Impacto económico

Usualmente la presencia de pulgones representan una molestia. Los blancos exoesqueletos que desechan después de la muda, disminuyen el valor de la planta.

Fot. 3.6 Pulgón adulto alado (*Myzus persicae*). Los estadios alados usualmente poseen diferente coloración que los estadios no alados, aún entre las mismas especies.

Al igual que las moscas blancas, producen exudados, que pueden actuar como sustrato para los hongos de negrilla o fumagina. Los pulgones son también importantes vectores de virus que afectan cultivos de flor y follaje ornamentales y hortalizas.

Plaguicidas
Los pulgones tienen problemas de control por diferentes razones. Tienen alta capacidad reproductiva y a menudo se presentan en la superficie inferior de la hoja, profundamente en el interior del canopeo de la planta o en las flores. La resistencia, particularmente en las poblaciones del pulgón verde del duraznero (*M. persicae*), está ampliamente difundida. Muchos insecticidas de carbamato no tienen efectividad por mucho tiempo. La producción y propagación de plantas tales como el crisantemo (*Chrysanthemum morifolium*) por grandes propagadores, contribuye al desarrollo y difusión de razas de pulgones resistentes a plaguicidas.

Control biológico
Los parásitos predadores y hongos son usados para controlar los pulgones en algunas situaciones en los cultivos protegidos. El parásito, *Aphidius matricariae,* a menudo ocurre naturalmente cuando el uso de plaguicidas es mínimo, pero a menudo se presenta demasiado tarde, para lograr el control antes de que se desarrollen grandes poblaciones de pulgones. Predadores, tales como la larva del mosquito predador *Aphidoletes aphidimyza* y las larvas *Chrysopa* sp. han sido exitosamente usados. Ambos predadores están disponibles provenientes de insectarios comerciales. El hongo *Verticillium lecanii* es efectivo en el control de algunas especies de pulgones en crisantemos (*Chrysanthemum morifolium*) y otros cultivos. Actualmente se sigue experimentando para determinar el manejo óptimo de *V. lecanii*.

■ Cochinillas harinosas y escamas (Homóptera)

Las escamas comprenden un grupo muy grande de insectos. Existen cerca de 6,000 especies en todo el mundo. Todas las escamas poseen aparato bucal picador-chupador, pero las tres familias principales difieren en biología y desarrollo. Estas tres familias están representadas por las cochinillas harinosas y por las escamas, duras o con escudo y blandas o sin escudo.

■ Cochinillas harinosas (*Pseudococcidae*)

Las cochinillas harinosas son las menos parecidas a escamas. Son de cuerpo blando, movimiento lento y producen un polvo ceroso sobre sus cuerpos. Muchas cochinillas harinosas producen largas proyecciones cerosas alrededor de sus cuerpos y muchas tienen largas colas filamentosas las cuales consisten en proyecciones cerosas. Una infestación por este insecto se observa como pequeñas motitas de algodón en las plantas. Especialmente cuando las hembras producen masas de madejas cerosas en donde ovipositan sus huevecillos. A diferencia de otras escamas, las cochinillas harinosas retienen sus patas durante su desarrollo y se mueven por las plantas. Sin embargo una vez que encuentran el sitio para alimentarse su movimiento es mínimo. Al igual que las escamas suaves, las cochinillas harinosas producen grandes cantidades de mielecilla.

Biología

Cada hembra puede producir más de 1,000 huevecillos. Al eclosionar los recién nacidos permanecen ocultos hasta que se transforman en diminutos rastreros que se mueven a lo largo de la planta en busca de lugares apropiados para alimentarse, se asientan y continúan con el ciclo. La duración de su ciclo de vida varía considerablemente dependiendo de la especie, produciendo desde una hasta ocho o más generaciones por año. Las cochinillas harinosas producen grandes cantidades de mielecilla.

■ Escamas duras (*Diaspidae*) y blandas (*Coccidae*)

El género *Diaspidae* comprende a los insectos con escudo. Se les llama así porque los adultos poseen una cubierta dura y cerosa. Esta cubierta es una mezcla de exuvia y cera. La forma del insecto de escama dura varía grandemente dependiendo de la especie. El género *Coccidae* comprende a los insectos sin escudo. Los escamas suaves no forman una cubierta similar al otro género hasta que maduran, las escamas suaves son generalmente más grandes llegando a alcanzar de 3 a 4 mm de largo.

Impacto económico

Los miembros de este grupo de insectos se alimentan de un gran grupo de especies vegetales. Las poblaciones se desarrollan en periodos relativamente largos. Un gran número de escamas pueden eventualmente debilitar y matar a las plantas. Un menor numero de escamas causa clorosis foliar. Las cochinillas harinosas y las escamas blandas producen mucha mielecilla. Las escamas duras no producen mielecilla.

Control físico/cultural

La detección temprana es la parte más importante de un programa de control de escamas. Las infestaciones pueden comenzar en algunas plantas y esparcirse hasta alcanzar grandes números por planta. La presencia de hormigas, avispas, abejas e insectos predadores son indicadores de la infestación por escamas. La negrilla o fumagina es otro indicador de su presencia.

Plaguicidas

Muchos plaguicidas para escamas son solamente efectivos contra ninfas. Si la infestación ha sido establecida, todos los estadios de desarrollo estarán presentes y el control sera difícil. Deben aplicarse plaguicidas no-sistémicos a intervalos de 14 a 21 días; para esto probablemente serán necesarias seis o más aplicaciones. Deben aplicarse insecticidas sistémicos cada tres a cinco semanas. Inspeccione los retoños nuevos para verificar si la infección esta esparciendose.

Control biológico

Se han usado predadores y parásitos para controlar escamas. Uno de los mayores problemas es la disponibilidad y el gran número de especies plaga. Parece no haber suficiente número de controladores biológicos disponibles para el número de especies de escama plaga y frecuentemente la oferta de controladores biológicos que están disponibles es errónea. El programa biológico que ha dado mejores resultados hasta la fecha es el uso del predador coccinelido australiano *Cryptolaemus montrouzieri*. Este predador es vendido por muchos insectarios. En ocasiones los predadores se usan conjuntamente con parásitos tales como *Leptomstix dactylopii*.

■ Orugas (Lepidóptera - *Noctuidae*)

Entre las muchas especies de Lepidóptera que atacan los cultivos de flor y follaje ornamentales protegidos, dos especies de *Spodoptera: S. exigua* (gusano soldado) (fot. 3.7) y *S. littoralis* (oruga de la hoja del algodón) son mencionadas frecuentemente. Ambas especies tienen un amplio rango de hospederos y ocurren tanto en cultivos de campo

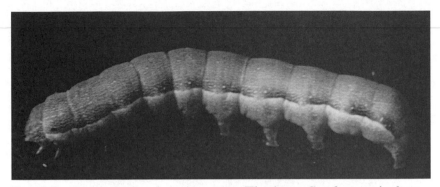

Fot. 3.7 Larva de *Spodoptera exigua*. El género *Spodoptera* incluye a algunas de las plagas mayores

como en los protegidos. Su condición de plaga es similar al de los minadores de la hoja y trips en lo relacionado a su resistencia a los plaguicidas y distribución en las plantas.

Biología

Las hembras de la oruga depositan sus huevecillos en el envés de la hoja. La larva adulta mide 16 mm y se caracteriza por una mancha negra detrás de la cabeza. Poseen metamorfosis completa y su ciclo de vida es de 30 días.

Impacto económico

Las larvas pueden ser muy destructivas. Los estadios larvales tempranos a menudo se alimentan de los ápices causando la bifurcación de los tallos. Las larvas más grandes consumen hojas y flores (fot. 3.8) y pueden penetrar en los tallos.

Control físico/cultural

Las infestaciones de Lepidóptera pueden detectarse observando los daños ocurridos en las hojas y flores. La detección temprana de estos daños, cuando la larva aún es pequeña, facilitará el control. Los adultos son frecuentemente atraídos por las luces del invernadero. Existen varios atrayentes sexuales para la mayoría de las especies que se colocan en trampas para atraer a los machos, lo cual alertará a los productores de la posibilidad de infestación. Las trampas de feromona resultan satisfactorias al exterior, pero no han mostrado ser efectivas en el invernadero.

Fot. 3.8 Daño causado por la larva joven de *Spodoptera exigua* en el punto de crecimiento del crisantemo (*Chrysanthemum morifolium*)

Plaguicidas/control biológico

Los piretroides fueron inicialmente efectivos contra *S. exigua,* pero pronto mostraron resistencia. Las formulaciones de *Bacillus thuringiensis* son efectivas contra estadios larvales tempranos y tardíos, como lo es el clorpirifos-etil. Así mismo el metamidofos, el metomilo y el sulprofos son también usados. Este último es menos nocivo contra los parásitos del minador de la hoja que otros materiales.

■ Acaros (Acárido - *Tetranichidae*)

La especie de ácaros mas importante que ataca a los cultivos de flor y follaje ornamentales es la arañita roja de dos manchas *Tetranychus urticae*. Otra especie, la araña roja, *T. cinnabarina* también puede dañar a varios cultivos de flor y follaje—especialmente el clavel (*Dianthus caryophyllus*). Los ácaros son una de las plagas más seria de los cultivos ornamentales donde quiera que se produzcan. Su tamaño diminuto, reproducción rápida y resistencia a plaguicidas son factores que contribuyen a su estado de plaga.

Biología

Las hembras usualmente predominan en las poblaciones de ácaros, estas miden aproximadamente 0.5 mm de largo, poseen visibles manchas a ambos lados del abdomen. Varían de coloración debido en parte a la planta hospedera. Todos los estadios de desarrollo ocurren en el envés de la hoja. La hembra de la especie *T. urticae* deposita de 50 a 100 huevecillos, dependiendo de la planta hospedera.

Impacto económico

Las infestaciones severas pueden causar defoliación y matar a la planta. En estas condiciones los ácaros producen telarañas que cubren todo el follaje y flores, afectando severamente la apariencia de la planta. Las infestaciones menos severas resultan en hojas cloróticas con punzaduras. Las plantas difieren visiblemente en los síntomas que presentan a causa del daño ocurrido por la alimentación de los ácaros.

Control

La detección de los ácaros generalmente involucra inspecciones frecuentes de las plantas tratando de observar daños por alimentación o telaraña causados por la plaga. Se debe tener cuidado especialmente en tiempo caluroso y seco. Para detectar ácaros y determinar si están vivos o muertos es necesaria una lupa de 10 a 15 X.

Control físico/cultural

Los ácaros a menudo alcanzan altas poblaciones en plantas con déficit hídrico, por lo que se debe evitar el estrés de humedad por medio de riegos aéreos. Sin embargo al incrementar la humedad y el agua en la superficie foliar, también se incrementara la probabilidad del desarrollo de enfermedades.

Si los predadores son usados para el control se disminuira el desarrollo de las poblaciones de ácaros lo cual será una ventaja.

Plaguicidas

Aplicaciones frecuentes de plaguicidas son a menudo usadas en un esfuerzo para mantener niveles bajos de ácaros a través del ciclo del cultivo. En cultivos continuos como en la rosa (*Rosa* sp.) las aplicaciones deben hacerse a intervalos de 2 a 3 semanas (hasta 25 aplicaciones por año). A pesar de esta práctica a menudo se desarrollan grandes poblaciones. Otra medida mejor es hacer dos aplicaciones del mismo plaguicida, dejando de 5 a 7 días entre aplicación. Ya que los ácaros se encuentran en el envés de las hojas, asegúrese de usar técnicas de aplicación adecuadas. Aunque algunos insecticidas piretroides son efectivos contra esta plaga, estos pueden estimular o causar la dispersión de ácaros y su formación de nuevas colonias.

Fot. 3.9   *Phytoseiulus persimilis* predador de arañita roja. Al igual que la mosquita parasitoide, *E. formosa,* este predador es usado mundialmente, principalmente en culivos de hortalizas y vegetales, para el control de arañita roja

Control biológico

Aunque los ácaros predadores tales como *Phytoseilus persimilis* (fot. 3.9) y *Metaseiulus occidentalis* son usados en muchos cultivos alimenticios, los severos régimenes de aplicación de plaguicidas seguidos en cultivos de flor y follaje ornamentales, usualmente restringen su uso. En algunos cultivos tales como las rosas (*Rosa* sp.) existe la posibilidad de usar ácaros predadores. Están disponibles predadores con alguna resistencia a los plaguicidas, pero esta resistencia no se extiende a los piretroides.

■ Otras plagas
Mosquitas de los hongos (Díptera - *Sciaridae*)

Las hembras depositan sus huevecillos en aberturas y depresiones de la superficie de los suelos. Al cabo de 5 ó 6 días nacen las larvas blancas, translúcidas y con brillantes cabezas negras (fot. 3.10). Las

Fot. 3.10 Larva de mosquita de los hongos. Noté la cabeza negra en las larvas. Las larvas pueden ser una plaga seria en la propagación, alimentandose de las raices en desarrollo y ocasionando lesiones por las que pueden pentrar patógenos

larvas se alimentan de moho, materia orgánica en estado de putrefacción y tejidos vegetales saludables. Sin embargo algunas veces ocasionan daños directos a las plántulas recién germinadas y a los transplantes jóvenes. Al parecer un medio con alto contenido de corteza de madera o estiércol produce más mosquitas de los hongos que cualquier otro medio. Transcurridos 10 a 14 días las larvas se convierten en pupa dentro de los compartimientos sedosos en el medio de crecimiento. Varios días después los adultos emergen (fot. 3.11). Su ciclo de huevo a adulto se cumple en 2 a 4 semanas.

Escarabajos (Coleóptera)

Muchas especies de Coleópteros pueden dañar a las plantas de flor y follaje ornamentales. Los adultos se alimentan de las hojas y flores, mientras que las larvas se alimentan de las raices. Una de las especies más importantes es la llamada gallina ciega (*Phyllophaga* sp.), esta larva puede causar daños severos a las raices de muchas plantas. Se detectan observando a los adultos y eliminando otros factores que pudieran ser la causa de un crecimiento pobre.

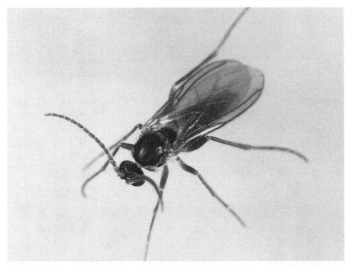

Fot. 3.11   Mosquita de los hongos *Bradysia* sp. adulto.
Las mosquitas de los hongos adultas no se alimentan de
las plantas, pero pueden transmitir patógenos

Arañas ciclaminas (Acárido - *Tarsonemidae*)

La especie más conocida es *Stenoarsonemus pallidus*. Las arañas ci-
claminas son sumamente pequeñas, miden menos de 0.3 mm de largo
y no poseen color, son traslucidas. La mejor manera de reconocer
una infestación es observando los daños que ocasionan. Al alimentarse de las hojas y botones florales en desarrollo causan deformacio-
nes, atrofia y enrollamiento en partes localizadas.

A diferencia de la araña roja (*Tetranychus* sp.), la araña ciclamina
prolifera en humedad relativamente alta y temperatura baja. Las hembras depositan los huevecillos en los botones y hojas tiernas. A los 3
a 7 días aparecen las pequeñas larvas que se alimentan durante cuatro
a seis semanas.

Para observar a esta plaga es necesario usar un microscopio óptico ya
que son muy difíciles de observar con una lupa.

Tisanuros (*Collembola*)

Estas criaturas son muy comunes, pero normalmente no se observan
por ser tan pequeñas (2 a 3 mm) y por que se ocultan en el suelo o
en desechos vegetales. En el abdomen poseen unos apéndices que les
sirven para saltar, algunas especies pueden saltar hasta siete centíme-
tros de altura.

Normalmente se alimentan de materia vegetal en descomposición, algas, hongos, bacterias, raicillas y polen. Las mayoría de las especies no causan daños económicos. Sin embargo algunas especies pueden ocasionar daños severos en cultivos de flor de corte producidos en camas a nivel del suelo. Los tisanuros pueden diseminar organismos patógenos.

Se logran controlar por medio de aplicaciones de plaguicidas al suelo, pero esta práctica puede dificultarse cuando el cultivo ya está establecido.

Simfílidos (Simfila)

Los simfílidos están cercanamente emparentados con los insectos. Los adultos son de color blanco, poseen 12 pares de patas y largas antenas, miden cerca de 8 mm de largo y menos de 3 mm de ancho. No poseen ojos por lo que los adultos se mueven rápidamente para evitar la luz. Normalmente se observan al inspeccionar a las raices de las plantas of bulbos, al mismo tiempo que la parte vegetativa muestra un crecimiento anormal. Ocasionan daño a la planta al alimentarse de las raices, tallos y semillas. El daño más intenso ocurre en las zonas no cultivadas o pasteurizadas durante los procedimientos de sanidad, como a orillas de pasillos y caminos. Los simfílidos proliferan en condiciones húmedas y bajas temperaturas; la temperatura óptima para su desarrollo es de 16.7° C. Cuando la temperatura incrementa los simfílidos se meten más adentro.

Su control usualmente se basa en el cultivo profundo del suelo o tratamientos con insecticidas o fumigantes antes de la siembra. Muchos de los agroquímicos recomendados para el control de simfílidos han sido restringidos en algunos paises por ser contaminantes del agua del subsuelo.

Babosas (*Mollusca*)

Pueden ser una plaga severa en cultivos ornamentales de maceta o flor de corte (fot. 3.12). Son capaces de alimentarse y sobrevivir en casi cualquier tipo de material vegetal, pero pueden ocasionar daño directo cuando se alimentan de las hojas y flores. Las babosas son activas durante la noche, o durante condiciones de oscuridad, baja temperatura y alta humedad.

Su control es por medio de cebos con plaguicidas efectivos contra babosas. La aplicación foliar de plaguicidas usualmente no es efectiva.

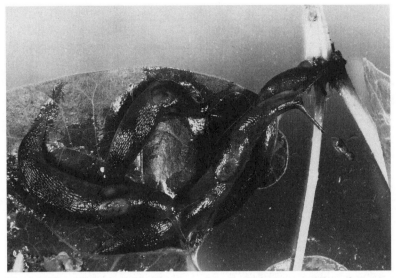

Fot. 3.12 Babosas. Varias especies de babosas pueden dañar a las plantas, particularmente las que son producidas en camas al nivel del suelo

Capítulo 4

Manejo integrado de las enfermedades infecciosas

■ Manejo de patógenos que atacan las hojas, tallos y flores

Hay muchos patógenos comunes que atacan los tallos, las hojas y las flores de los cultivos de flor y follaje ornamentales. Estos patógenos incluyen aquellos que causan enfermedades tales como: oídios, *Botrytis,* royas, manchas foliares por *Alternaria, Septoria* y otros hongos, manchas foliares y marchitamientos bacterianos, enfermedades virales y podredumbre del tallo por *Fusarium.*

Las estrategias de manejo para las enfermedades mencionadas pueden ser confusas, si se piensa constantemente en las muchas clases de hongos, bacterias y plantas hospederas involucradas. Se deben buscar denominadores comunes en relación a las enfermedades, para ser capaces de escoger e implementar las medidas de prevención y de control necesarias.

Saneamiento

El saneamiento es particularmente efectivo en el control de enfermedades. Muchos de los patógenos que atacan los tallos, hojas y flores lo hacen porque las esporas o el inoculo de los mismos son transportados por el aire. De esta manera el inoculo puede entrar a través de ventanas abiertas, procedente del campo o áreas próximas a los invernaderos. Además muchos de los patógenos dependen de salpicaduras de agua para diseminarse. Por lo antedicho es hasta cierto punto efectivo liberar al invernadero o campo de plantas enfermas.

Botrytis es un hongo que prolifera y produce esporas en los desechos vegetales que se encuentran en los invernaderos, por lo que nunca se debe depositar material vegetal debajo de las mesas y dejarlo hasta que se pudra (fot. 4.1). Muchas de estas enfermedades se introducen en un cultivo por el uso de material infectado. Esto es particularmente

Fot. 4.1   Ejemplo de una buena higiene

Fot. 4.2   Ejemplo de una mala higiene en el
invernadero

importante para las enfermedades bacterianas, marchitamiento por *Fu-sarium* y las royas. Estos patógenos son difíciles de controlar una vez que se introduzcan en la planta, por lo que la desinfección (fot. 4.2) es muy importante para la prevención de la enfermedad.

Evitar la humedad de las hojas

El control ambiental de las enfermedades de los tallos, hojas y flores en los cultivos de invernaderos involucra principalmente la prevención de situaciones que favorezcan la humedad de las hojas. En primer lugar,

Fot. 4.3 El agua que permanece en las hojas
contribuye al tizón bacteriano

como mencionamos anteriormente, el agua que salpica puede difundir
el inoculo de muchos patógenos. Las gotas de agua que permanecen en
las hojas permiten a las esporas de la mayoría de los hongos patógenos
germinar a infectar las plantas hospederas (fot. 4.3). El lapso de tiempo
en que la hoja necesita estar húmeda varía de acuerdo al organismo y
enfermedad involucrada. Por ejemplo con los oídios y bacterias todo lo
que se necesita es un corto período de humedad en las hojas. Por el
contrario con enfermedades tales como *Botrytis,* oídio o mancha de la
hoja por *Alternaria,* se necesitan muchas horas de humedad en la hoja
para permitir la infección por esporas de los hongos.

Trate de evitar la humedad en las hojas de los cultivos de invernadero.
Hay muchas formas de lograrlo. Primero puede modificar su sistema de
riego para evitar la irrigación aérea--los tizones por bacterias se han
eliminado en muchos invernaderos a través la modificación en los
sistemas de irrigación. Nunca riege un cultivo de invernadero al final
del día. Esto puede conducir largos períodos de humedad en la noche.
La humedad elevada en un invernadero, especialmente cuando la temperatura disminuye a medida que avanza la noche, puede causar rocío
o condensación del agua en las hojas. Esto puede favorecer el desarrollo
de enfermedades en los tallos, hojas y flores.

Hemos visto condensación de humedad en las hojas también si se
deja descender la temperatura en forma brusca en otros momentos

del día. Por ejemplo si en un invernadero con un sistema muy eficiente de extractor y cortina de agua, se abren las ventanillas demasiado o muy rápido a media mañana y una ráfaga de aire frío entrara y golpeara el aire tibio del recinto, se producirá una condensación de humedad que algunas veces puede resultar perjudicial. Hemos visto que esta clase de hechos algunas veces conduce a contaminaciones muy serias por oídios en muchos invernaderos nuevos o modernos. La aceptación popular de la doble capa plástica tiene como consecuencia la condensación de gotas que producen humedad en las flores y hojas de muchos cultivos. Controle la humedad por la noche, la mejor forma de hacerlo es ventilar al final del día. Caliente el aire levemente durante la ventilación. Si se puede proporcionar un poco de calor se reducirá el nivel de humedad del aire que entre. Por supuesto esto resulta difícil en tiempos de verano dado el calor, especialmente cuando hemos usado el sistema de extractor y cortina de agua durante muchas horas. Los ventiladores eficientes de chorro, de circulación horizontal o de aire turbulento, ayudarán a controlar la humedad en diferentes áreas del cultivo en el invernadero.

Finalmente, la distancia apropiada entre los cultivos colocados sobre las mesas (fot. 4.4) permitirá una buena circulación del aire y evitará que se produzcan bolsones de humedad en el canopeo de las hojas.

Fot. 4.4 El amontonamiento puede ocasionar *Botrytis*

Plantas resistentes

Es posible tomar ventaja de la resistencia de ciertas plantas a algunas de las enfermedades de las hojas, flores y tallos. No hay muchos datos confiables sobre este tema. Sin embargo muchos productores han hecho buenas observaciones en el transcurso de los años sobre cuales plantas son más propensas a oídios, royas o *Botrytis*. En consecuencia se han modificado las listas de selección de cultivares. También las pudriciones y marchitamientos, tales como podredumbres bacterianas y la podredumbre del tallo por *Fusarium,* pueden ser manejadas por medio de observaciones cuidadosas y la modificación de la lista de selección de cultivares.

Fungicidas

Hay muchos fungicidas o plaguicidas diferentes que se utilizan contra las enfermedades de las hojas, tallos y las flores. Para resumir esta situación, podríamos decir que los patógenos sistémicos, tales como los que causan marchitamientos no ceden fácilmente a cualquier tipo de tratamiento químico con plaguicidas. Además los tizones bacterianos y las manchas foliares no se controlan con pulverizaciones. Simplemente no tenemos buenos bactericidas agroquímicos. La pulverización más común utilizada para los tizones bacterianos y las manchas foliares es una mezcla de cobre, como el Kocide 101 y el Mancozeb. La estreptomicina se ha usado como un antibiótico bactericida con efectividad variable pero puede ocasionar fitotoxicidad en cultivos de invernadero. Nosotros no recomendamos la estreptomicina para uso general un cultivos de invernadero.

Los oídios pueden ser controlados con una variedad de productos incluyendo el Pipron, Terraguard, Strike, o Karathane, Cleary's 3336, Domain, Triforine, Sufuro, Rubigan, Banner o Bayleton. Los productos para el control de *Botrytis* han mejorado en gran medida en los últimos años y ahora incluyen, Daconil 2787, Chipco 26019, Ornalin, Cleary's 3336, Domain, o Exotherm Termil.

Para las enfermedades causadas por royas nos inclinamos por el Manzate 200 DF, Dithane DF o T/o, Zyban, Terraguard, Strike o Bayleton. Otros hongos causantes de manchas en las hojas requieren fungicidas de amplio espectro tal como el Dithane DF o T/o, Manzate 200 DF, Cleary's 3336, Domain, Daconil 2787 o Zyban.

Procedimientos para la aplicación de los fungicidas Muchos productores no logran un control adecuado de las enfermedades con la pulverización de hojas, tallos y flores a consecuencia de aplicar el

Fot. 4.5 Las aspersiones de alto volumen
(AV) son más efectivas para el control de la
enfermedad

producto en forma incorrecta. Los dos métodos más efectivos para
optimizar la acción del agroquímico continúan siendo: el empapar la
planta de plaguicida hasta que gotee o usar pulverizaciones de alto
volumen (fot. 4.5). Es importante lograr una cobertura total de todas
las partes de la planta que puedan estar infectadas, incluyendo el
envés de las hojas. Un buena pulverización con aplicadores hidraúli-
cos que producen gotas razonablemente finas y con buen impulso
logrará una apropiada cobertura de la planta. Planifique pues, pulverizar entre 750 a 1,500 1/ha diluidos.

Muchos productores están usando aplicaciones de bajo volumen para
economizar tiempo, trabajo y agroquímico. Hemos encontrado en
nuestras investigaciones que muchos de estos métodos de bajo volumen son bastantes efectivos. Sin embargo usted debe saber precisa-
mente lo que esta haciendo y tener bastante conciencia acerca de la
biología del patógeno/hospedero con el que trabaja. Los métodos de
aplicación de bajo volumen incluyen una técnica cuidadosa de cali-
bración y de aplicación para evitar fitotoxicidad. Algunos productos
son más apropiados que otros para utilizarse con un aplicador de bajo
volumen.

■ Manejo de patógenos que atacan a las raíces

Existen muchas enfermedades que causan la podredumbre radical en los cultivos de invernadero, entre ellas están las producidas por los organismos patógenos: *Pythium, Phytophthora, Rhizoctonia, Fusarium, Thielaviopsis* y *Cylindrocladium.* Muchos de estos patógenos también causan pudrición de la corona y secadera de las plántulas en los cultivos de flor y follaje ornamentales. El manejo de la podredumbre radical puede ser muy complicado con tantas enfermedades en diferentes cultivos, causadas por un sinnúmero de diversos organismos.

¿Cómo podemos entender las estrategias de manejo con tan complejo cuadro? La forma de hacerlo es pensar en denominadores comunes a las enfermedades que causan la podredumbre radical. Comience pensando en una definición básica sobre una enfermedad vegetal. Para que esta se manifieste debemos tener un hospedero, un patógeno y un ambiente que permita la interacción de los factores mencionados. Estos tres elementos deben producirse simultáneamente, y las estrategias en el manejo de enfermedades deben ser diseñadas para impedir la ocurrencia del necesario triángulo de elementos.

Saneamiento

La podredumbre de las raíces generalmente surge por la presencia de patógenos en la tierra. Un diminuto grano de tierra puede estar contaminado por muchos hongos patógenos. Por lo tanto podemos planificar el manejo de esta situación pensando en eliminar los patógenos por desinfección del medio de cultivo y de los elementos asociados al mismo (fot. 4.6).

La desinfección del medio de siembra, será exitoso si se da igual atención a dos aspectos: primero, desinfección inicial y segundo, prevención de recontaminación. Hay muchos métodos ampliamente usados en la etapa inicial, por calor o por fumigantes agroquímicos.

El procedimiento más eficiente y menos costoso es el horno eléctrico. En análisis de costos recientes, se llegó a la conclusión que no resulta muy costoso desinfectar con este procedimiento. Hay en el mercado grandes hornos que pueden esterilizar hasta cien metros cuadrados de medio de siembra por vez. Estos hornos tienen tres lados y una cubierta o tapa pero son abiertos en el fondo. Cuando se colocan en la parte superior de la mesa y se llenan, el medio de siembra

Fot. 4.6   Las mangueras en el suelo pueden contaminarse con patógenos causales de podredumbre de la raíz

puede ser desinfectado en el mismo lugar. Después de un período de desinfección la unidad se levanta dejando el medio de siembra listo para usarse. Los aparatos eléctricos de desinfección también vienen en tamaños pequeños que los hacen muy útiles para su uso en invernaderos chicos.

Recientemente y en especial en la industria de los invernaderos, se han empezado a usar fumigantes entre los métodos de desinfección del medio de crecimiento. Los fumigantes tales como el bromuro de metilo, son muy efectivos en la desinfección del medio de crecimiento. El procedimiento de fumigación requiere una área de trabajo afuera del invernadero y algún conocimiento sobre la técnica necesaria.

Si se usa medio de crecimiento embolsado usualmente no es necesario esterilizar. Los medios de crecimiento en bolsa generalmente contienen microbios patógenos pero en números pequeños, debido a que sus características de aereación y drenaje no son propicias para el desarrollo de patógenos.

Cualquiera que sea el método usado para la desinfección inicial del medio de crecimiento, este puede fracasar si no se previene la recontaminación del medio desinfectado. Si el medio se usa inmediatamente despúes de ser desinfectado será menor el riesgo de recontaminación. Esta es la razón por la que muchos productores de plantas en macetas prefieren desinfectar la tierra en tandas pequeñas inmediatamente antes de usarla. Si tiene que desinfectar grandes cantidades en algún momento, es importante desarrollar un sistema donde se maneje lo menos posible al medio desinfectado. Cada vez que se disturba el medio de siembra existe la posibilidad de que este se contamine.

La desinfección incluye la limpieze de los elementos asociados al medio de crecimiento. Muchos productores gastan dinero y tiempo en desinfectar el medio y luego ponen la tierra en macetas sucias o usadas.

Las macetas, mesas, mangueras, tuberías de agua, pasillos, etc. deben desinfectarse para asegurar de que estén libres de patógenos que causan pudriciones (fot. 4.7). Actualmente existen en el mercado muchos productos desinfectantes que pertenecen a varios grupos de agroquímicos. Algunos productores prefieren usar los que contienen sales de amonio cuaternario como el GreenShield. Si se quieren desinfectar objetos porosos, tales como macetas de arcilla o madera es muy ventajoso un agente que tenga propiedades fumigantes. Por ejemplo, una parte de cloro por 10 partes de agua o una parte de formalina por 18 de agua son soluciones comunes y efectivas. Recuerde que los fumigantes pierden su capacidad rápidamente después de la dilución, por lo que deben prepararse y ser usados inmediatamente.

Los patógenos que causan podredumbres en la raíz pueden ser introducidos en el invernadero debido a la contaminación de las reservas

Fot. 4.7   Las charolas y macetas deben ser desinfectadas antes de usarse nuevamente

de agua, cañerías, mangueras y otros implementos de riego. Si tiene problema con la aparición constante de patógenos en el invernadero limpio debe investigar los niveles de contaminación del agua. Estas pruebas son complejas y deben ser realizadas por un laboratorio. Los tratamientos del agua con cloro se pueden hacer con cierta facilidad pero generalmente no son recomendados a menos que un análisis del agua indique la necesidad de hacerlos. El uso de material madre sano es otro aspecto importante para mantener al invernadero libre de enfermedades causales de podredumbres. A pesar que la mayoría de las podredumbres de la corona y la raíz no son sistémicas en la parte superior de la planta, pueden presentarse si las plantas son salpicadas con gotas de agua fangosa o puestas en contacto con esta agua por descuido. Es esa contaminación superficial de los esquejes la que a menudo conduce a la podredumbre radical. Identifique las plantas que usted intenta usar como material madre al comienzo del ciclo de producción. Trate a la planta madre cuidadosamente y realice aplicaciones extras de fungicidas para estar seguro que los esquejes derivados de ellas estarán libres de patógenos.

Durante el actual ciclo de producción del cultivo, hay muchas cosas que los productores pueden hacer para prevenir y controlar las enfermedades de la raíz por medio del saneamiento. Básicamente todas estas actividades incluyen el mantenimiento de las áreas de crecimiento limpias y en orden. Deseche las plantas al momento de dectectar problemas. Pueden no estar realmente infectadas con podredumbre radical pero pueden propiciar el comienzo de la enfermedad, debido a que son débiles y susceptibles a una infección. Mantenga los pasillos limpios y libres de desechos, no coloque sus pies en las mesas de crecimiento, evite que el agua salpique cuando esta regando, mantenga las mangueras lejos del suelo para que no recojan agua fangosa, limpie las mesas al terminar un cultivo quitando cuidadosamente todos los desechos de las plantas. Limpie los microtubos de riego (fot. 4.8) para que estén libres de patógenos al terminar cada cultivo.

Modificación ambiental
La modificación ambiental varía algunas veces en relación a la enfermedad específica y al patógeno involucrado en el problema de podredumbre radical. Sin embargo una premisa común es evitar el estrés de la planta. Este puede conducir al debilitamiento de la planta, que se infectará fácilmente con muchos organismos que pudren la raíz.

Fot. 4.8 Los accesorios de riego deben desinfectarse de vez en cuando

Específicamente hay que evitar el alto de contenido de sales (pueden generar la infección por *Fusarium* y *Pythium*), alta humedad y aereción inadecuada del medio de crecimiento, sequedad, especialmente entre riegos (que pueden generar infecciones por *Rhizoctonia* o *Fusarium*) y bajas temperaturas que favorecen la podredumbre radical por *Pythium* y *Fusarium*.

La compactación del medio de crecimiento, programas de fertilización inconsistentes y el riego irregular son factores negativos que contribuyen a la enfermedad si no se corrigen. El manejo del estrés significa el establecimiento de un adecuado ambiente de crecimiento y mantenimiento de la estabilidad del mismo. Uno de los trabajos de más responsabilidad en el invernadero es el de regar en forma correcta. Esto es porque un cultivo regado en forma insuficiente, irregular o en exceso (fot. 4.9) puede sucumbir al estrés y posteriormente a la enfermedad infecciosa rápidamente. Las técnicas de fertilización requieren de riegos profundos para evitar la acumulación excesiva de sales. El pH y la composición mineral del agua de riego también pueden relacionarse con el estrés. Las aguas subterráneas alcalinas con altos contenidos de calcio, comunes en muchas áreas pueden generar estrés y problemas en la sanidad de la raíz. Por ejemplo los invernaderos eficientes desde el punto de vista energético, pueden tener problemas de condensación de agua y goteo, que producirá un suelo saturado de agua, proclive a producir estrés en una parte del cultivo. Si los patógenos entran en cualquiera de estas

Fot. 4.9   Este problema de pudrición comenzó cuando las goteras de condensación mantuvieron al medio muy húmedo

zonas de cultivo estresado, pueden proliferar, extenderse e infectar el cultivo rápidamente.

Otra punto importante para controlar las enfermedades de podredumbre radical en cultivos de invernaderos es el uso de un medio de crecimiento que tenga una apropiada aeración y drenaje. Los medios de crecimiento que retienen aproximadamente 40% de su peso en agua cuando se riegan y mantienen 20% de su volumen en porosidad después del riego y drenaje inicial, generalmente promueven la sanidad de la raíz. Existen pruebas simples de medición para determinar si su medio de crecimiento cumple con los principios de drenaje y aeración.

Plantas resistentes

La planta hospedera, uno de los elementos del triángula de la enfermedad, es también un punto crucial que debe ser investigado cuando se trata de comprender cómo prevenir y controlar las enfermedades de podredumbres radicales en los cultivos de invernadero. Hay algunos hospederos que son particularmente susceptibles a ciertos tipos de enfermedades de podredumbres radicales. Por ejemplo algunos cultivares de nochebuena (*Euphorbia pulcherrima*) son susceptibles a *Rhizoctonia,* algunos cultivares de geranio (*Pelargonium hortorum*) de almácigo son susceptibles a la pierna negra causado por *Pythium,* las violetas africanas (*Saintpaulia ionantha*) y las perperomias (*Peperomia* sp.) son frecuentemente afectadas por pudrición de la corona causada por *Phytophthora,* etc. No hay mucha información publicada acerca del mayor o menor grado de resistencia de plantas hospederas a la pudrición de la corona. Sin embargo, muchos productores han hecho una serie de buenas observaciones a través de los años y han alterado su selección de plantas de acuerdo a estas observaciones.

Fungicidas

Los baños con fungicidas son usados tanto para la prevención, como para el control de las podredeumbres. Considere los baños fungicidas como una cuarta linea de defensa. El uso efectivo del fungicida entra en juego después de considerar otros factores como: variedades resistentes, manejo del estrés y medidas de sanidad. Para usarlos en forma apropiada debemos preparar una correcta dilución del fungicida y luego aplicarla hasta empapar la tierra o el medio de crecimiento. Los programas preventivos constan de tratamientos mensuales. De esta manera, el fungicida actúa como una barrera protectora para el sistema radical entero. Los baños fungicidas al suelo también pueden curar o erradicar infecciones. Inspeccione las raices frecuentemente como parte de un programa preventivo general.

Recientemente están disponibles muchos fungicidas para manejo de podredumbre radicales en forma granulada. Los gránulos son generalmente más efectivos cuando se mezclan con el medio de crecimiento antes de enmacetar, aunque las aplicaciones a la superficie del suelo también resultan adecuadas especialmente cuando son seguidas por riegos profundos.

Existen muchos fungicidas buenos en el mercado para el control de la podredumbre radical y la pudrición de la corona en los cultivos de invernaderos. Algunas veces es necesario usar una combinación de productos por que hay muchos hongos involucrados en las enfermedades de este tipo. Por esta razón con frecuencia recomendamos una combinación de Cleary's 3336 o Domain y Banol; Cleary's 3336 o Domain y Aliette; Cleary's 3336 o Dormain y Truban; o Cleary's 3336 o Domain y Subdue. Terrazole puede usarse en lugar de Truban. Cleary's 3336 o Domain (benzamidozoles) son efectivos contra *Rhizoctonia, Fusarium* y otros hongos. Banol, Truban, Aliette y Subdue son efectivos contra los mohos del agua *Phythium* y *Phytophthora.*

El Banrot es un producto que contiene dos ingredientes activos, lo que significa que puede ser aplicado solo en forma de baño.

■ Conclusiones

La prevención y el control de enfermedades infecciosas involucra programas verdaderamente integrados en los cultivos de flor y de follaje ornamentales. Muchas de las medidas que deberán tomarse para manejar las enfermedades concordarán con las que un buen productor adoptaría para producir un cultivo de alta calidad listo para la venta en el menor tiempo posible. Tenga presente las estrategias generales de manejo que hemos delineado y no tendrá que preocuparse de enfermedades infecciosas específicas en este o aquel cultivo.

El uso de fungicidas en los cultivos ornamentales en invernadero y campo

Se producen continuos cambios en el tipo y número de fungicidas disponibles para el control de las enfermedades en los cultivos de flor y de follaje ornamentales. Este capítulo hace una revisión de la situación hasta 1992, conforme lo lea, tenga la precaución de recordar que debe verificar las etiquetas antes de usar algún producto. Muchos de los fungicidas enumerados son para usarse al aire libre, o son de algún modo restringidos. Además todos ellos difieren en la lista de cultivos específicos para los que se recomienda su uso.

Mohos del agua de la raíz y podredumbre de la corona

Las enfermedades causadas por *Phytophthora* y *Pythium* (mohos del agua) siguen siendo serias en muchos cultivos. Veinte años atrás se conseguía el fungicida fenaminosulf (Lesan) registrado ampliamente para su uso en "flores, arbustos y ornamentales en almácigos". Lesan no se produce ni se vende más en los Estados Unidos, afortunadamente hay otros fungicidas excelentes para mohos de agua.

El fungicida etridiazol (Truban, Terrazole) ha sido ahora desarrollado en varias formulaciones para adecuarse mejor a los métodos de producción del invernadero. El producto se presenta como granulado, polvo humectable, concentrado emulsionable o suspensión acuosa. La lista de cultivos para los que se recomienda varía para cada formulación a causa de su fitoxicidad. Etridiazol es uno de los ingredientes activos del fungicida Banrot, usado en el control del moho de agua y la podredumbre de la corona.

El metalaxil (Subdue) es muy efectivo para gran número de cultivos y de bajo costo. En forma reciente, además del concentrado emulsionable al 24%, ha aparecido una formulación granulada al 2% y un cartucho para inserción directa en el suelo. El granulado debe ser aplicado en la superficie del suelo, antes de sembrar o enmacetar. Si lo hace después de enmacetar lave los gránulos del follaje y las flores para que el ingrediente activo del fungicida pueda llegar a las raíces. Coloque los cartuchos en el suelo próximos a la planta, cada riego libera el producto del cartucho hacia el suelo. Los productores pueden mezclar el granulado con el medio de crecimiento para macetas o camas de siembra. Por su alta actividad metalaxil se recomienda a dosis muy pequeñas.

El propamocarb (Banol, Previcur-N) es otro fungicida nuevo para el control del moho del agua a una dosis de 2.72 kilogramos de plaguicida en 3.8 litros de agua. Es bastante seguro en los cultivos ornamentales, pero su etiqueta recomienda relativamente altas dosis. Esto es lo que lo hace muy costoso. Actualmente se están realizando investigaciones para probar su eficiencia a dosis menores.

Podredumbre de la raíz y de los tallos por *Rhizoctonia*

Los fungicidas benomyl (Benlate DF), carbendazim (Bavistin), tiabendazol (Mertec 450, Tecto 60), y quintozeno (Flutozeno, PCNB, Terraclor) si son usados según las dosis recomendadas, son muy efectivos contra *Rhizoctonia*. Puede ser legalmente usados en todas las plantas ornamentales. Un compuesto relacionado, tiofanato-metil (Topsin-M, Domain, Fungo, Cleary's 3336) es recomendado en forma simliar al benomyl. Como fluido el 3336 puede ser agregado a los dispositivos de riego junto con las formulaciones líquidas de etridiazol, propamocarb, or metalaxyl (que se usa contra el moho de agua). Iprodione (Rovral, Chipco 26019) es otro nuevo producto contra *Rhizoctonia*. La lista de cultivos que aparece en las etiquieta de iprodione es muy extensa y recientemente fue revisada y aumentada.

El fungicida Banrot contiene dos ingredientes activos, uno el etridiazol y el otro tiofanato-metil. Esta combinación le otorga un amplio espectro de actividad contra muchos patógenos del suelo. Banrot no ha sido lanzado como una formulación granulada. Las formulaciones 8G pueden ser premezclada con el medio de crecimiento de las macetas.

Oídios

El benomyl (Benlate DF) ha sido usado por muchos año contra los oídios. Un compuesto relacionado, tiofanato-metil (Topsin-M, Domain, Fungo, Cleary's 3336) es recomendado en forma similar al benomyl. Piperalin (Pipron), Pirazofos (Afugan) y dinocap (Karathane) se usan también, especialmente en rosas. Aunque son efectivos, los productos más nuevos, tal como el triadimefon (Bayleton, Strike), triadimenol (Bayfidan), triforine (Saprol, Funginex), dodemorph (Meltatox, Milban), propiconazale (Tilt, Banner), cuprico (Phyton 27) o fenarimol (Rubigan) están ahora disponibles para control del oídio. Estos nuevos productos tienen un gran poder residual y una buena acción sistémica. Son extremadamente efectivos, pero a veces retardan el crecimiento. Deben seguirse las instrucciones cuidadosamente.

Royas

El mancozeb (Mancu, Mancus, Ditiozeb, Flonex, Dithane, Manzate 200 DF) sigue siendo un fungicida muy efectivo para el control de las enfermedades de la roya. Otros, tales como el clorotalonil (Bala, Bravo, Daconil, Retador), triadmefon (Bayleton, Strike), propiconazale (Tilt, Banner), y oxycarboxin (Plantvax) son efectivos.

Las royas requieren 3 ó 4 aplicaciones frecuentes para conseguir un buen control. Es muy importante cubrir la planta uniformemente.

Tizónes causados por *Botrytis*

Benomyl (Benlate Df) es el más usado de los quince productos mas viejos recomendados para las enfermedades causadas por *Botrytis* en los cultivos florales. Un compuesto relacionado, thiophannate-ethyl (Topsin-M, Domain, Fungo, Cleary's 3336) es recomendado en forma similar al benomyl. El clorotalonil (Bala, Bravo, Daconil, Retador), cuprico (Phyton 27) y mancozeb también se usan en muchas áreas. El vinclozolin (Ronilan, Ornalin) y el iprodione (Rovral, Chipco 26019) son productos nuevos de gran efectividad. El Exotherm Termil, en forma de humo puede usearse en muchos cultivos.

Otras manchas foliares y tizones El mancozeb sigue siendo el mejor fungicida general diponible para las muchas otras manchas de las hoja que ocurren. Recientemente la etiquetas de esos productos has sido mejoradas y expandidas. Benomyl, tiofanato-metil, clorotalonil e cuprico (Cupravit, Kocide, Phyton 27) son productos efectivos para muchas enfermedades. El fungicida Zyban es una combinación de tiofanato de metilo y mancozeb, como tal abarca un amplio espectro en el control de enfermedades.

Cuadro 5.1   Fungicidas usados para combatir enfermedades en los cultivos de flor y follaje ornamentales

Enfermedad	Nomber común	Marca registada
Caída de almácigo, podredumbre de raíces y de corona por *Rhizoctonia*	benomyl	Benlate
	ethazol + tiofanato-metil	Banrot
	iprodione	Chipco 26019, Rovral
	quintozeno	Terraclor, PCNB, Flutozeno
	carbendazim	Bavistin
	tiofanato-metil	Cleary's 3336, Topsin-m, Domain, Fungo
Caída de almácigos podredumbre de esquejes causada por *Botrytis*	benomyl	Benlate
	cuprico	Phyton 27
	tiofanato-metil	Cleary's 3336, Topsin-m, Domain, Fungo
	mancozeb	Manzate 200 DF, Dithane, Mancu, Mancus, Ditiozeb, Flonex
	iprodione	Rovral, Chipco 26019
	vinclozolin	Ronilan, Ornalin
	clorotalonil	Bala, Bravo, Daconil, Retador, Exotherm Termil
Caíde de almácigos, podredumbre de raíces y de corona por moho del agua (*Pythium* y *Phytophthora*)	captan	Captan, Corysan, Orthocide
	etridiazole + tiofanato-metil	Banrot
	metalaxyl	Subdue
	Propamocarb	Previcur-N, Banol

Cuadro 5.1 continuado

Enfermedad	Nomber común	Marca registada
Royas	clorotalonil	Daconil 2787, Bala, Bravo, Retador
	ferbam	Ferbam
	mancozeb	Mancu, Mancus, Ditiozeb, Flonex, Dithane, Manzate 200
	oxycarboxin	Plantvax
	triadimefon	Bayleton
	triforine	Saprol, Funginex, Triforine
Oídios	benomyl	Benlate DF
	cuprico	Phyton 27
	dinocap	Karathane
	dodemorph	Meltatox, Milban
	fenerimol	Rubigan
	piperalin	Pipron
	sulfur	Flotox, Sulfur
	triadimefon	Bayleton
	triforine	Saprol, Funginex, Triforine
	pirazofos	Afugan
	traidimenol	Bayfidan
	propiconazole	Tilt, Banner
	tiofanato-metil	Cleary's 3336, Topsin-m, Domain, Fungo
Enfermedades bacterianas	streptomycin	Cuprimycin 17, Agri-step, Agrimycin
	derivados del cobre	Caldo Bordelés Kocide 101, 404, Phyton 27
Enfermedades radiculares causadas por nematodes de suelo	aldicarb	Temik
	femaniphos	Nemacur
	oxamyl	Vydate
Podredumbre causadas por otros hongos	benomyl	Benlate DF
	captan	Captan, Orthocide
	ethazol + tiofanato-metil	Banrot

Cuadro 5.1   continuado

Enfermedad	Nomber común	Marca registada
Podredumbre causadas por otros hongos	quintozeno thiabendazole tiofanato-metil	Terraclor, PCNB Mertect 160, Tecto Cleary's 3336, Topsin-m, Domain, Fungo
Manchas y tizones de hojas y flores causados por otros hongos	captan clorotalonil	Captan, Coreysan Bala, Bravo, Daconil, Retador
	derivados de cobre	Kocide 101, 404, Phyton 27
	ferbam	Carbamate 76(PM)
	iprodione	Rovral, Chipco 26019
	mancozeb	Mancu, Mancus, Ditiozeb, Flonex, Dithane, Manzate 200 DF
	quintozene	Terraclor
	vinclozolin	Ronalin, Ornalin
	cobre fijado	Mezcla-Bordo
	caldo bordelés	Caldo Bordelés

Capítulo 6

Actualización sobre el manejo de insectos y ácaros

Este capítulo discute algunos de los plaguicidas y formulaciones recientemente introducidos al mercado para el control de plagas en cultivos de flor y follaje ornamentales de invernadero. Se ha registrado un número reducido de nuevos insecticidas y acaricidas en los últimos años y las perspectivas para el futuro son inciertas. Esta lentitud en el registro de nuevos productos, la desaparición del mercado de los productos viejos, sumado a la resistencia desarrollada por las plagas a la acción de los plaguicidas, pueden ocasionar problemas a los productores y consumidores de plantas de flor y follaje ornamentales.

La resistencia es el principal factor que afecta los programas de manejo de plagas. Hay numerosos estudios en marcha para determinar la vía más satisfactoria para tratar la resistencia, pero seguramente este problema empeorará en vez de mejorar. Los productores tienen simplemente que mirar los severos daños y los costos asociados, causados por las infestaciones de minadores de la hoja (*Liriomyza trifolii*), trips de las flores (*Frankliniella occidentalis*) y moscas blancas (ambas *Trialeurodes vaporariorum* y *Bemisia tabaci*). Muchos de los problemas con estas plagas se deben a su resistencia a los plaguicidas.

Los insecticidas y acaricidas que se mencionan a continuación están registrados para su uso en plantas de flor y follaje cultivados en invernadero en los Estados Unidos. Muchos plaguicidas están agrupados en diferentes clases químicas, mientras otros no son fáciles de agrupar. En lo posible, los plaguicidas a continuación están agrupados por clase. Esto es con la intención de ayudarle a seleccionar un plaguicida en su programa de rotación de agroquímicos. También se incluyen las marcas de estos plaguicidas. En otros paises estos plaguicidas se pueden vender bajo diferentes nombres. Siguiendo está dicusíon existe una cuadro que presenta los plaguicidas corrientemente registrados para plagas específicas.

■ Los plaguicidas y sus formulaciones

Carbamatos

Bendiocarb   (Dycarb). Bendiocarb es un agroquímico de que actúa por contacto o por el estomago, controla a un gran número de plagas, incluyendo trips, cochinillas harinosas y mosquita de los hongos.

Fenoxycarb   (Preclude, Precision). Es un insecticida reguladora del crecimiento del insecto, efectivo contra moscas blancas, escamas, trips, y mosquitas de los hongos. Preclude es de formulación aerosol. Mientras que Precision es polvo humectable se puede usar como remojo o pulverizador.

Metiocarb   (Mesurol, Grandslam). Mesurol frecuentemente esta formulado en forma de cebo para el control de babosas, pero se consigue como polvo humectable 75PH (Mesurol, Grandslam) el cual se aplica en forma foliar para el control de pulgones, trips y ácaros.

Oxamilo   (Oxamyl). Oxamilo es un insecticida sistémico granular registrado para muchas ornamentales. Ha mostrado efectividad contra plagas como pulgones, larvas de mosquita de los hongos, larvas de minadores, trips y arañita roja.

Hidrocarburos clorinados

Dicofol   (Kelthane). La formulación de dicofol (hidrocarbono clorado) como polvo humectable esta registrada para el control de arañita roja (*Tetranychus urticae*) y puede aplicarse mediante pulverización foliar.

Dienoclor   (Pentac). Pentac es un acaricida también registrado para el control de moscas blancas. Pentac está registrado para aplicarse por medio de atomización foliar. Está disponible como polvo humectable o suspensión acuosa. Para obtener mejores resultados debe asegurarse de obtener una cobertura total del envés de la hoja. La actividad de Pentac es más lenta en comparación a otros plaguicidas y su efecto en las poblaciones de ácaros se observará hasta los 4 o 5 días después de su aplicación.

Endosulfán   (Thiodan). Thiodan ha sido usado por muchos años para controlar pulgones, mosca blanca y Lepidópteros en cultivos de invernadero. Aunque existen poblaciones resistentes a Thiodan, se recomienda el uso de este agroquímico en rotación con otros plaguicidas. Su formulación de concentrado emulsionable ha dañado algunos cultivos de crisantemo (*Chrysanthemum moriflorium*). También esta disponible como generador de humo.

Organofosfatos

Acefato (PT 1300, Orthene 75SP). El acefato está registrado como formulación química en aerosol (PT1300) y aerosol foliar (Orthene 75SP). El acefato es un insecticida sistémico efectivo contra un gran número de plagas chupadoras y masticadoras, incluyendo algunos pulgones, trips, moscas blancas y orugas.

Cloropirifos (Dursban 50WP, Duraguard). Cloropirifos son insecticidas de contracto/residual de amplio espectro y al parecer vaporable. Controla pulgones, minador, larvas, trips, Lepidópteros, y muchos otros plagas. La formulaciones 50WP (Dursban) y microencapsulada (Duraguard) estan registradas para invernadero.

Diclorvos (DDVP, Fulex). Este plaguicida esta formulado para usarse en un generador de humo. Es activo en forma de vapor, y posee casi o ninguna acción residual. Diclorvos posee una amplia actividad contra insectos y ácaros, pero muchas especies pueden ser resistentes. Algunas plantas pueden presentar daños a temperaturas relativamente altas (más de 27°C) en el invernadero.

Malation (Cythion, Malathion). En los cultivos de invernadero malation es usado para atomizar la superficie del suelo para el control de milpiés, tisanuros y cochinillas de la humedad.

Sulfotep (Plantfume 103, Dithio). Sulfotep es un material poco residual que se aplica en forma de vapor. Se utiliza en el control de pulgones, mosca blanca y otros insectos voladores.

Piretroides

Bifentrina (Talstar, PT 1800, Attain). La bifentrina es un insecticida/acaricida efectivo contra algunos pulgones, moscas blancas y arañitas rojas. Es aplicado en forma foliar por atomización o aerosol.

Cyflutrin (Decathlon, Tempo). El ingrediente activo cyflutrin es un insecticida/acaricida piretroide de amplio espectro que ha demostrado efectividad contra la arañita roja, pulgones, Lepidópteros y trips.

Fenpropatrin (Tame). Fenpropatrin es un insecticida piretroide que ha demostrado ser muy útil contra la arañita roja, pulgones, Lepidópteros y trips. De la misma manera que cyflutrin este producto es similar en actividad a bifentrina.

Fluvalinato (Mavrik Aquaflow). Mavrik es un insecticida/acaricida que esta registrado para controlar a un gran número de plagas del invernadero. Por lo general Mavrik puede aplicarse a las flores con capullos abiertos.

Permetrina (Pounce, Pramex). Permetrina esta registrado para el control de Lepidópteros y minadores adultos. También es efectivo contra otros insectos voladores pequeños.

Resmetrina (SBP-1382, PT 1200). Resmetrina es un piretroide de poco poder residual usado principalmente para controlar mosca blanca, pero muestra cierta actividad en larvas de Lepidópteros. Es aplicado en forma de atomización foliar o nebulización.

Otros plaguicidas (que no pertenecen a los grupos anteriores)

Abamectina (Avid). La abamectina es un plaguicida registrado para el control de la arañita roja de dos manchas (*Tetranichus urticae*) y el minador de la hoja (*Liriomyza* sp.) en plantas de flor y follaje ornamentales de invernadero. La mayoría de los productores que usan este agroquímico han obtenido resultados excelentes. La evidencia experimental e informes del productor indican que la abamectina también reduce las poblaciones de trips y mosca blanca si se usa con frecuencia suficiente (por ejemplo a intervalos de 3 a 5 días). Aunque es normalmente aplicado por medio de pulverización de alto volumen (AV), las investigaciones han demostrado que las aplicaciones de bajo volumen (BV), son también efectivas.

Aceites hortícolas (Safer Sunspray Ultrafine Spray Oil). Este aceite puede ser aplicado para el control de un amplio número de insectos y ácaros, incluyendo arañita roja, mosca blanca y pulgones. Cuando se usan jabones, las plagas deben estar en contacto con el producto para ser eliminadas. Por lo que es necesario una cobertura completa del cultivo con el agroquímico.

Bacillus thurigiensis (Gnatrol, Dipel). Es muy efectivo contra algunos Lepidópteros. Ya que las larvas deben ingerir este agroquímico para obtener la máxima efectividad, se necesita una cobertura total de las plantas. Su actividad es relativamente lenta, la larva muere usualmente en tres días. Gnatrol, otra *Bacillus thuriiensis* insolar es un insecticida microbiológico registrado para el control de las larvas de la mosquita de los hongos (*Sciaridae* sp.). Se recomienda su aplicación en forma de baño, saturando el medio de crecimiento. *Bacillus thurigiensis* su puede usar con un reducido riesgo de daño a personas, plantas e insectos benéficos del invernadero. Hay muchos insolares de este insecticida microbiológico, con más siendo producidos. El Kurstaki insolar (e.g. Dipel) es muy efectivo.

Cyromazina (Citation). Cyromazina es un insecticida regulador del crecimiento del insecto el cual es muy efectivo contra el minador de la hoja (*Liriomiza* sp.), larvas de las mosquitas de los hongos y otros dípteros. Es un material sistémico que se puede aplicar mediante una pulverización foliar o saturando el medio de crecimiento.

Diflubenzuron (Dimilin). Es un inhibidor de la síntesis de quitina registrado para el control de la larva del gusano soldado (*Spodoptera exigua*) en crisantemo (*Chrysanthemum moriflorium*). Este agroquímico interrumpe el proceso de muda, de manera que los adultos no llegan a formarse.

Extracto de semilla de Neem (Margosan-O, Azatin). Es un insecticida regulador del crecimiento del insecto, derivado de las semillas de un árbol de la India (*Azaridachta indica*). Esta registrado actualmente como una formulación emulsionable para el control de minador de la hoja, mosca blanca, ciertos Lepidópteros y trips en plantas de flor y follaje ornamentales. Existe alguna actividad sistémica del producto en algunas plantas, pero en general, debe aplicarse directamente a las plagas. Tiene poco efecto en los insectos adultos, por lo que es necesario aplicar en el periodo apropiado. Puede ser aplicado por medio de pulverización foliar o saturando el medio de cultivo.

Imidaclorpid (Marathon, Merit). Es un sistemico insecticida que es muy efectivo contra pestes como moscas blancas, plugones, y trips. Una aplicación puede proveer control para 10 a 12 semanas. Imidacloprid esta en una nueva clase de quimicas llamadas cloronicotinyls.

Kinoprene (Enstar II). Enstar II es un regulador de crecimiento que puede usarse para controlar mosca blanca, cochinillas harinosas, pulgones y mosquita de los hongos. Las poblaciones de pulgones no disminuyen rápidamente, pero se mantienen constantes después de la aplicación. No confie en este producto para atacar una población fuera de control.

Metaldehído (Bug-Geta, Deadline, Slugit). Este agroquímico esta disponible en forma de cebo para el control de babosas.

Nicotina (Nicotine). Es un insecticida poco residual, no sistémico. Puede ser aplicado por pulverización o humo. Ha mostrado excelentes resultados contra pulgones y control de trips de las flores (*Frankliniella occidentalis*).

Piretro   (X-clude, Pyrenone Crop Spray). Un producto insecticida natural, usualmente esta combinado con piperonil butóxido, el piretro ha mostrado ser muy efectivo contra pequeños insectos voladores. X-clude es una formulación microencapsulada que pudiera alargar la actividad residual del ingrediente activo.

Cuadro 6.1   Resumen general de insecticidas y acaricidas usados en cultivos de flor y follaje ornamentales de invernadero en los Estados Unidos.

Insecto	Nombre común	Nombre comercial	Formulación	Comentarios
Acaros araña	endosulfan	Thiodan	AV	Pulverización foliar.
ciclamina	dicofol	Kelthane	AV	
	dienoclor	Pentac	AV	
arañita roja de dos manchas	abamectina	Avid	AV, BV	
	binfentrin	Talstar	AV	
	diclorvos	Fulex, DDVP	SA, GH	
	dienoclor	Pentac	AV	
	fluvalinate	Mavrik	AV, BV	Usar en elevadas porciones para control de ácaros.
Babosas	metaldehído	Bug-Geta, Deadline, Slugit	C	
	metiocarb	Glandslam, Mesurol, PT 1700	AV, C A	
Cochinillas harinosas, escamas	acefate	Orthene, PT 1300	AV A	
	bendiocarb	Dycarb, Ficam, Turcam	AV	
	bifentrina	Talstar	AV	

Cuadro 6.1 continuado

Insecto	Nombre común	Nombre comercial	Formu-lación	Comenta-rios
	cloropirifos	Dursbsan, Duraguard	AV	
	cyflutrin	Decathlon, Tempo	AV, BV	
	diclorvos	Fulex, DDVP	N, GH	Efectivo en invernar-deros con termpera-turas fresa-cas.
	fenoxycarb	Precision, Preclude	AV, A	
	jabón insecticida	M-Pede, Safer	AV	Repetir cada 3-5 sema-nas de inter-valo.
	kinoprene	Enstar	AV	
	oxamilo	Oxamyl	G	Repetir cada 3-5 sema-nas de inter-valo.
Minadores	abamectina	Avid	AV, BV	
	cloropirifos	Dursban, Duraguard	AV	
	cyromazine	Citation	AV	
	diclorvos	Fulex, DDPV	N	Efectivo en invernaderos con tempera-turas frescas.
	neem	Margosan-O, Azatin	R, AV	
	oxamilo	Oxamyl	G	
	sulfato de nicotina	Nicotine	AV	
Mosca blanca	acefato	Orthene, PT 1300	AV A	
	bifentrina	Talstar	AV	
	cyflutrin	Decathlon, Tempo	AV, BV	

Cuadro 6.1   continuado

Insecto	Nombre común	Nombre comercial	Formulación	Comentarios
Mosca blanca	diclorvos	Fulex, DDVP	N, GH	
	endosulfan	Thiodan	AV, GH	
	fenoxycarb	Precision, Preclude	AV, A	
	fluvalinate	Mavrik	AV, BV	
	imidacloprid	Marathon	G	
	jabón insecticida	M-Pede, Safer	AV, BV	
	kinoprene	Enstar	AV	
	methiocarb	PT 1700	A	
	neem	Margosan-O, Acatin	AV	
	oxamilo	Oxamyl, Vydate L	G AV	
	permetrina	Pramex	AV	
	piretrina	Pyrenone, Pyreth-It	AV, BV	
	resmetrina	PT 1200, SBP-1382	A AV, BV	Pulverización foliar, aplicar al atardecer o por la noche. Repetir semanalmente.
	sulfotepp	Dithio	GH	
Mosquitas de los hongos (adultos)	resmetrina	PT 1200	A	Repetir aplicaciones cada 4-5 días de intervalo.
(larvas)	*Bacillus thurigiensis*	Gnatrol	R	
	fenoxycarb	Precision	R	
	kinoprene	Enstar II	R	
	neem	Acatin	R	
	oxamilo	Oxamyl	R	

Cuadro 6.1 continuado

Insecto	Nombre común	Nombre comercial	Formu-lación	Comenta-rios
Orugas (Lepiodóp-tera)	acefate	Orthene, PT 1300	AV A	
	Bacillus thurigiensis	Dipel	AV, BV	Pulveri-zación fo-liar con cobertura total.
	bifenthrin	Talstar	AV	
	cloropirfos	Dursban, Duraguard	AV	
	cyflutrin	Decathlon	AV, BV	
	difluben-zuron	Dimilin	A	Interrumpe el proceso de muda en las lar-vas.
	fluvalinate	Mavrik	AV, BV	
Pulgones	acefate	Orthene	AV	Daños en algunos cultivos de crisan-temos y plantas de follaje.
	bifentrina	Talstar	AV	
	cloropirifos	Dursban, Duraguard	AV	
	cyflutrin	Decathlon	AV, BV	
	diclorvos	Fulex, DDVP	N, GH	Son efecti-vos en in-vernaderos a tempera-turas fres-cas.
	endosulfan	Thiodan	AV, GH	Efectivo en inverna-deros con tempera-turas cali-das.

Cuadro 6.1 continuado

Insecto	Nombre común	Nombre comercial	Formu-lación	Comenta-rios
Pulgones	fluvalinate	Mavrik	AV, BV	
	imidacloprid	Marathon	G	
	jabón insecticida	M-Pede, Safer		Follaje hu-medecido totalmente por pulveri-zacíon.
	malation	Cythion, Malathion	AV	Al exterior.
	sufato de nicotina	Nicotine	GH	
	oxamilo	Oxamyl	G	
	sulfotepp	Dithio	GH	Puede ser formulado con Di-thione te-tradifón.
Tisanuros	malation	Malathion	AS	Pulveriza o espolvo-rear el suelo.
Trips	acefate	Orthene	AV	Pulveri-zación fo-liar puede dañar algu-nos culti-vos.
	bendiocarb	Dycarb	AV	
	cloropirifos	Dursban, Duraguard	AV	
	cyflutrin	Decathlon	AV, BV	
	diclorvos	Fulex, DDVP	SA, GH	
	fluvalinate	Mavrik	AV, BV	
	malation	Malathion	AV	Uso exterior.
	resmetrina	PT 1200, SBP-1382	A AV	
	sulfato de nicotina	Nicotine	GH	

Cuadro 6.1 continuado

Insecto	Nombre común	Nombre comercial	Formu- lación	Comenta- rios
Trips	sulfotepp	Dithio	GH	Repetir aplicaciones preventivas a 4-5 días de intervalo para flores.

1 Antes de comprar y usar calquier plaguicida, debe revisar las etiquetas de uso registrado, proporciones y frecuencia de aplicación. Nomber comunes y comerciales han sido usados para todos los plaguicidas. Cuando le sea posible revise los nombres comerciales. Esta lista es presentada para información solamente. No hacemos ninguna recomendación hacia los productos mencionados, ni significa una una crítica hacia productos no menionados.

2 Tipos de formulaciones; **A** = aerosol; **AV** = alto volumen **AS** = atomización al suelo; **BV** = bajo volumen (concentrado); **C** = cebo; **G** = granulado; **GH** = generador de humo; **N** = niebla; **R** = remojo; **VC** = vaporización por medio de conductores calientes.

Capítulo 7

El uso correcto
de los plaguicidas

Hacer que los plaguicidas se comporten de la manera esperada y evitar los problemas asociados a su uso, son dos tópicos de gran importancia. Es complicado tratar de entender esto e intentar recordar puntos específicos sobre este o aquel plaguicida. Constantemente debemos tratar de pensar clara y cuidadosamente en lo que se refiere a los plaguicidas y su uso.

Los plaguicidas son moléculas complejas que constantemente se asocian con otras moléculas en diferentes tipos de reacciones químicas. Esas reacciones químicas se producen cuando se mezclan los plaguicidas en el tanque pulverizador, en el momento que cubren la superficie de la planta, o cuando contactan la plaga y eventualmente la matan. Lo que hay que tener presente al pensar esto es que todo descuido de su parte implicara que esta complicada química trabaje en su contra en vez de a su favor.

■ Formulaciones de los plaguicidas

Empecemos con las formulaciones de los plaguicidas. ¿Qué es una formulación? Es un plaguicida combinado con otro ingrediente de tal manera que el producto puede ser usado con seguridad para controlar una plaga.

Hay muchos clases de ingredientes inertes incluidos en la formulación. Algunos de estos son: agentes adhesivos, agentes dispersantes (para mantener las moléculas separadas cuando se mezclan con el agua), agentes humectantes, solubilizadores, estabilizadores y sustancias que simplemente sirven para diluir el ingrediente activo.

Existen muchas formulaciones diferentes (fot. 7.1); muchos plaguicidas se formulan en más de una forma. El tipo que se emplee dependerá del

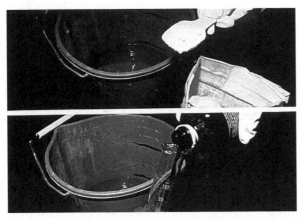

Fot. 7.1 Algunas formulaciones de plaguicidas.

mercado en que se consumirán los productos (por ejemplo alimentos u ornamentales), la compatibilidad con los equipos de aplicación actuales y el cultivo específico en que será usado. Generalmente las formulaciones comunes consisten en polvos, polvos humectables, suspensiones acuosas, polvos solubles, concentrados emulsionables, granulados, líquidos y fumigantes.

Polvos. Son plaguicidas mezclados con talco finamente molido, arcilla, cáscara de nuez pulverizada, etc. Como su nombre lo indica, los polvos deber ser usados secos, nunca con agua. Los polvos se usan para cubrir las semillas y prevenir las enfermedades de las mismas y de las plántulas. Pueden también ser aplicados directamente al follaje. La aplicación del plaguicida en esta forma causa una cierta pérdida del producto. Es difícil tener la seguridad de que los polvos alcancen el objetivo propuesto sin que afecten otras áreas. De hecho la dispersión al azar de los polvos los hace potencialmente peligrosos, especialmente en los invernaderos.

Polvos humectables. Son similares a los polvos pero contienen agentes humectables. Las partículas de los polvos humectables no son tan finamente molidas como en los polvos. Como su nombre lo indica, son destinados para ser mezclados con el agua para formar una suspensión semi-estable. Los polvos humectables por lo general son más concentrados que los polvos comunes. Por ejemplo el Captan se formula como polvo al 7.5%, pero también se puede comprar como polvo humectable al 50%. La mayoría de los ingredientes incluidos en la formulación no se activan hasta que la formulación se mezcla con agua. Un buen polvo humectable debe mezclarse bien al agitarlo y no debe asentarse de manera apreciable al estar en reposo por 30 minutos, por supuesto todos se asentarán eventualmente. Es necesario agitar el polvo humectable en el tanque al momento de la aplicación para prevenir problemas de dosificación debidos al asentamiento del producto. Pueden ser muy abrasivos para las bombas y las boquillas y pueden tener tendencia a obstruir algunos equipos de aplicación de bajo volumen. Pueden también dejar un residuo visible en las superficie de la hoja especialmente cuando se usan 250 gramos o más por 380 litros de solución. Esto puede afectar la venta de muchos cultivos producidos en invernadero.

Suspensión acuosa. Son polvos humectables finamente molidos más un agente humectante y agua previamente mezclados y contenidos en un recipiente. Son vendidos como una suspensión de manera que el usuario puede mezclarlo con agua más fácilmente. La formulación de suspensión acuosa contiene más agentes dispersantes y humectantes que en la mayoría de los polvos humectables. Por eso no obstruyen tanto las boquillas y se mezclan con agua con más facilidad que los polvos humectables. Son más fáciles de usar en aplicaciones de bajo volumen. El problema es que estos tipos de productos no son muy estables cuando se almacenan. Además hemos encontrado que dejan residuos más visibles que los polvos humectables cuando se pulverizan en la superficie de las hojas.

Polvos solubles. También son materiales en polvo que se disuelven completamente en agua, una vez disueltos, los polvos solubles no necesitan posterior agitación durante su distribución. Además no presentan tanto problema en lo referente a abrasión y obstrucción de las boquillas. Desafortunadamente la composición química de la mayoría de los plaguicidas no permite su formulación como polvos solubles. Estas formulaciones pueden ser particularmente peligrosas cuando se disuelven en agua ya que pueden alcanzar los ojos, fosas nasales y ser absorbidas por la piel con más facilidad.

Concentrados emulsionables. Esta formulación líquida se puede mezclar con agua para formar una emulsión. La emulsión resultante no es una solución, más bien es un líquido disperso en otro. Los concentrados emulsionables mezclados en agua no son claros, generalmente son de color blanco lechoso debido a que las diminutas gotas del concentrado se dispersan entre las finas gotas de agua. Muchos plaguicidas no son solubles en agua, pero son solubles en varios aceites y solventes orgánicos tal como el benceno y naftaleno. De manera que se formulan como concentrados emulsionables. Estos no son abrasivos para los equipos de pulverización, pero los solventes orgánicos pueden ser en alguna medida corrosivos para los aplicadores y otras partes del pulverizador.

El principal problema con estos concentrados es su fitotoxicidad (daño a la planta) causado por el solvente o el emulsificante. Esto puede ser particularmente peligroso si más de un concentrado es usado en cualquier mezcla de tanque.

Granulados.   Son plaguicidas preparados impregnando o uniendo un ingrediente activo a algún tipo grande de partícula. La partícula puede ser arcilla calcinada, cáscara de nuez o mazorca de maíz que ha sido procesada a un tamaño estándar. Muchos granulados están hechos para aplicarse al suelo o al césped. Si se aplican en seco no se adhieren a las plantas y esto reduce el riesgo de fitotoxicidad. Su aplicación es más segura pues no se desplazan con el viento. Presentan menos riesgos de absorción por la piel, pero algunas veces los gránulos pueden introducirse en los zapatos, la valenciana o dobladillo de los pantalones y en el cuello de las camisas.

Granulados dispersables.   Son un nuevo tipo de formulación granulada destinada a mezclarse con agua. Al mezclarse con agua los gránulos se dispersan fácilmente hasta formar una suspensión lista para ser pulverizada. La ventaja es que se mezclan con más facilidad y menos riesgos en el tanque pulverizador. Hay menos desperdicio de producto y menos producción de polvo durante la preparación.

■ Preparación de los plaguicidas

Siga las instrucciones de uso de las etiquetas y obtendrá ventajas de la complicada química de los plaguicidas sin tener que enfrentarse con problemas difíciles (fot. 7.2). Por ejemplo use siempre los polvos humectables mezclados con agua, nunca los use como polvos secos. Generalmente en la etiqueta del plaguicida no hay suficiente información relacionada a la química del producto. Sin embargo de vez en cuando encontrará algún comentario al respecto. La exhaustiva lectura de la etiqueta y su familiarización con el producto, en la medida que sea posible, es un buen punto de partida para entender como éste funciona.

Fot. 7.2   Siempre mezcle plaguicidas en una cubeta pequeña y luego agreguelos al tanque aplicador.

Tenga cuidado cuando mezcle los plaguicidas en el tanque de pulverización. Ciertamente esto puede hacerse y es una idea excelente que ayuda a ahorrar tiempo y aumentar su efectividad en el manejo de las plagas, pero realice esta mezcla pensando en el proceso. Primero de todo esté segurese que los plaguicidas sean compatibles entre sí, haciendo pequeñas pruebas. Al mezclarlos verifique si sus estructuras físicas se modifican de alguna manera, si se produce un precipitado, un cambio de color, o la separación de los líquidos. Luego de esta verificación, proceda a aplicar la mezcla a las plantas para ver si hay problemas biológicos. Anote su experiencia de manera que la próxima vez sabrá lo que puede y debe hacer.

Hay etiquetas que contienen información sobre la compatibilidad del producto, esto le dará una guía de lo que se puede o no usar al mezclarlo. Algunas etiquetas señalan las ventajas y desventajas al realizar la mezcla del producto con otros plaguicidas. Evite usar más de un líquido en una mezcla.

Cuando un plaguicida se mezcla con otro, tenga la precaución de que las soluciones concentradas no entren en contacto entre sí. Las soluciones concentradas deben pequeño recipiente antes de diluirse previamente en una pequeña cantidad de agua en un ser aplicados al tanque del pulverizador. Llene el tanque pulverizador con agua, coloque el primer plaguicida parcialmente diluido y mezclelo bien con el agua del tanque, luego agregue el segundo producto parcialmente diluido también. Finalmente si desea un adyuvante adhesivo-esparcidor agregue este al último, cuando el tanque está casi lleno, con la cantidad de agua requerida. Agite constantemente el líquido del tanque durante todas estas operaciones de mezclado.

Pensando en los plaguicidas como agroquímicos orgánicos complejos le ayudará a entender las causas por las que estos pueden o no desempeñar su función adecuadamente. Cuado se desvía de las instrucciones de las etiquetas o realiza operaciones que áun no han sido probadas como efectivas estará ante una situación química muy seria. Será difícil de entender lo que ha sucedido o predecir lo que puede ocurrir cuando no se siguen las instrucciones de la etiqueta. El manejo correcto de los plaguicidas es una práctica muy importante en el uso correcto de plaguicidas.

Adyuvante

¿Qué es un adyuvante? Es una sustancia agregada a otra sustancia para aumentar la actividad del producto pulverizado. Hay muchos tipos usados con los plaguicidas. Algunos adyuvante aumentan la adherencia del plaguicida a la superficie asperjada, por lo que son llamados adherentes. Otros, aumentan la absorción sistémica del químico por lo que son llamados activadores. Otros adyuvantes reducen el arrastre por el viento, sirven como agentes antiespumantes o simplemente humedecen la hoja de manera que el plaguicida se distribuye uniformemente sobre la superficie de la hoja.

Cuando se pulveriza para proteger las plantas de los insectos e infecciones por patógenos, nosotros pensamos que la función del adyuvante es aumentar la cobertura del agroquímico en la superficie de la planta. Los adyuvantes que cumplen esta funcion son llamados dispersantes adherentes. Estos tienen dos funciónes, primero humedecen bien las hojas, segundo adhieren el plaguicida a la superficie de la planta de modo que resiste las condiciones ambientales del invernadero. Esto aumenta y tiende a preservar el poder residual del plaguicida. La etiqueta en el adyuvante le dará alguna idea de su funcionamiento.

Otro tipo de adyuvante que es a menudo usado en las fumigaciones de los cultivos de invernadero es el que estabiliza el pH de la solución del producto. Esto se considera necesario para prevenir la hidrólisis ácida del ingrediente activo del producto. Como se discute posteriormente, tales adyuvantes con propiedades reguladoras son raramente necesarios en la mayoría de las labores de aplicación de plaguicidas.

Un adyuvante puede ser aniónico, catiónico, iónico o no iónico. Esto se refiere a las cargas de las moléculas en el producto. Puede ser importante cuando se usan ciertos plaguicidas, pero generalmente no está relacionado con el funcionamiento del adyuvante. Los adyuvantes no iónicos son ampliamente usados en los invernaderos a causa de que son menos fitotóxicos o dañinos para las plantas.

La clave para una apropiada selección del adyuvante que se debe usar es consultar la etiqueta para comprobar si es vendido para lo que se lo desea y si es seguro usarlo en el cultivo que usted está produciendo. Pues pueden cambiar la composición química de una suspensión plaguicida de tal manera que, si se usan incorrectamente, contribuyen a ocasionar daños a la planta. También si se usan en proporciones excesivas pueden causar daños directos.

Hay algunas reglas generales que los productores deberán seguir cuando seleccionan y usan adyuvantes para minimizar posibles daños, primero pruebe el nuevo producto en un número reducido de plantas antes de pulverizar todo el cultivo. Pruebe el adyuvante solo y acompañado con el plaguicida que usted planea usar en el cultivo. Haga esto en el momento en que las plantas son más susceptibles al daño. Esto es bajo condiciones de clima templado, soleado. Normalmente las plantas no deberían ser tratadas en esas condiciones, pero será una buena prueba para determinar si la mezcla para pulverizar es segura.

La clave para resolver el dilema de cuánto adyuvante se debe usar es recordar una regla: use la menor cantidad posible de adyuvante para humedecer el follaje suficientemente. Tendrá que determinar por sí mismo esta cantidad cuando comience a usarlos. Comience con cantidades muy bajas y aumente en la medida necesaria hasta que el follaje empiece a humedecerse bien, usando agua y el equipo pulverizador. Para la mayoría de las plantas ornamentales de invernadero sugerimos comenzar con 29.5 mililitros de adyuvante hasta llegar a 59 mililitros en 378.5 litros de agua, agregando poco a poco a la vez, hasta que obtener la cantidad necesaria. Probablemente, 236.5 mililitros de adyuvante por 378.5 litros de agua es la máxima cantidad a usar, bajo cualquier condición, para evitar daños.

Algunas veces es necesario pulverizar un cultivo varias veces en una sucesión rápida. Quizás un acaricida se aplique el primer día, seguido por un insecticida el segundo día y un fungicida el tercero. En tales casos el uso del mismo adyuvante puede acumularse y comenzará a causar daño en la planta a la tercera aplicación. En tales casos el adyuvante no debiera ser usado después de la primera pulverización.

Otra solución podría ser reducir la cantidad de adyuvante usada en las subsiguientes pulverizaciones. Una tercera posibilidad es hacer una sola pulverización usando una mezcla de los diferentes agroquímicos en el tanque, por supuesto que esto puede conducir a otro tipo de problemas.

Ciertos adyuvantes pueden aumentar los problemas alérgicos por plaguicidas. Por ejemplo, algunos productores han informado sobre reacciones alérgicas en la piel de los trabajadores cuando estos aplican un fungicida en particular con adyuvantes. Esto no parece ser un patrón consistente por lo que no pueden hacerse recomendaciones, sin embargo sea conciente de que esto puede constituir un problema.

Una nota final referente a lo anterior es que algunas formulaciones de plaguicidas ya contienen suficiente dispersantes-adherentes u otros adyuvantes. Generalmente son productos emulsionables o líquidos, sin embargo al menos un polvo humectable (Talstar) tiene impreso en su etiqueta el no usar con adyuvante. Nosotros sugerimos que los adyuvantes se usen solamente después de leer la etiqueta del plaguicida pues, la etiqueta tendrá a menudo la indicación concerniente al uso o no de los mismos.

■ Comportamiento de los plaguicidas y el potencial de hidrógeno (pH) del agua

Parece como sí el agua fuera culpable de muchas cosas estos días. Ha habido mucho interés y preocupación reciente acerca de los posibles efectos del agua alcalina (pH arriba de 7) en la efectividad de los plaguicidas. Básicamente el agua alcalina puede causar que las moléculas del plaguicida se degraden en partes inactivas (hidrólisis alcalina), esto no es un asunto fácil puesto que la velocidad de algunas reacciones dependen del plaguicida, pH, capacidad amortiguadora y temperatura. No hay duda que ocurren muchas de estas cosas. La principal pregunta para los productores es, "¿Cómo me afectará?" No hay una respuesta sencilla a esto pero basados en la información disponible parece que se necesita que transcurra un tiempo considerable antes que ocurra una degradación significativa de la mayoría de los plaguicidas. Por lo tanto si el plaguicida es mezclado y usado dentro de pocas horas, evitando que permanezca toda la noche en el tanque, no debiera haber ningún efecto adverso del pH del agua en el líquido a pulverizar.

Capítulo 8

Aplicación de plaguicidas

Los plaguicidas (incluyendo fungicidas, insecticidas y acaricidas) son parte importante de los programas de manejo de plagas y enfermedades en ornamentales. El objetivo principal de cualquier aplicación de plaguicida es llevar el producto plaguicida al objetivo en una concentración suficiente para controlar la plaga o patógeno relacionado. Naturalmente, existen factores a considerar como la seguridad del operador, ambiental y de la planta, así como factores económicos. El objetivo puede ser la planta completa, una área específica de la misma, el medio de crecimiento o la plaga (incluyendo patógenos, insectos o ácaros). La identificación del objetivo es importante para una correcta aplicación del plaguicida. ¿Es nuestro objetivo atacar plagas voladoras? ¿Están las plagas en toda la planta o en una cierta área? ¿Se encuentran las plagas en el substrato o bajo las mesas de crecimiento?

Recuerde que el plaguicida aplicado y su modo de acción son importantes para la efectividad o fracaso de cualquier aplicación. La aplicación de plaguicidas es un proceso de dos pasos: deposición y distribución. Deposición es el proceso de depositar el plaguicida en el objetivo, y distribución es el proceso de llevar el producto a la área precisa en las cantidades requeridas para ser efectivo.

El tamaño de las gotas es así mismo importante en determinar que cantidad de deposición o distribución cualquier método de aplicación tendrá. Además del tamaño de gota, las características del objetivo (biología del insecto, densidad del folloaje, altura de la planta, lugar donde crece la planta: cama, suelo o mesa de crecimiento, etc.) y las características del equipo de aplicación (velocidad de flujo, movimiento de aire, etc.) son importantes en determinar la efectividad de los plaguicidas.

Alto volumen

Las aspersiones de alto volumen (AV) constituyen la forma más tradicional de aplicar de plaguicidas en el invernadero, usando equipos y métodos que no han cambiado mucho a través de los años. La solución plaguicida utilizada en los aspersores de alto volumen consiste en una mezcla de cierta cantidad de plaguicida disuelto en un gran volumen de agua, con la que se pulverizan las plantas y el suelo. El agua sirve para dos propósitos: diluye a la concentración plaguicida y acarrea el producto al objetivo.

Las aspersiones de alto volumen (AV) son populares (fot. 8.1), por que casi todos los plaguicidas se pueden aplicar de esta manera, la mayoría de ellos están formulados y etiquetados para aplicarse por medio de aspersiones de alto volumen (sin embargo la actual ley de plaguicidas permite cualquier método de aplicación que no esté específicamente prohibido en su etiqueta).

Cuando se usan aspersores de alto volumen (AV) para controlar insectos pequeños, frecuentemente solo un 2 a 6 porciento del plaguicida aplicado alcanza la plaga objetivo, el resto se pierde por evaporación, arrastre por el viento o escurrimiento. En este caso la ineficiencia de este método de aplicación se debe al tamaño de la gota. Aunque se producen algunas gotitas, la mayor parte del volumen pulverizado por aspersores de alto volumen (AV) consiste en gotas grandes (más de 100 a 400 micrones de diámetro), las cuales son muy eficientes en depositar el producto en el follaje, incrementando significativamente la efectividad de la atomización contra los patógenos.

Bajo volumen

También se usan varios métodos de aplicación de bajo volumen (BV), muchos de ellos (por ejemplo: aerosoles, nieblas, generadores de humo, polvos, etc.) han sido usados durante muchos años. Estas aplicaciones requieren generalmente equipos especializados y formulaciones especiales, usan menor cantidad de agua u otro diluyente y producen gotas más pequeñas que la aplicación de alto volumen. Los equipos especializados para aplicaciones de bajo volumen son: nebulizador pulse-jet termal (fot. 8.2), nebulizador pulse-jet frio (fot. 8.3), atomizadores rotativos (fot. 8.4), generadores de aerosol mecánicos (fot. 8.5) y aplicadores electrostáticos (fot. 8.6). Todos estos tipos están disponibles comercialmente en alguna parte del mundo, aunque no siempre para su uso en invernadero. Producen la mayor parte del

Fot. 8.1   Atomización por alto volumen aplicado a rosas (*Rosa* sp.). Notese la dirección en
que apunta el agroquímico. Este es el modo
correcto de atomizar para controlar a las plagas
(por ej. arañita roja) situadas en el envés de la
hoja

Fot. 8.2 Nebulizador termal en un invernadero de gerbera (*Gerbera jamesonii*). El nebulizador ha sido dirigido hacia arriba para evitar que las plantas enfrente del aplicador sean atomizadas demasiado. Los nebulizadores producen gotas de menos de 10 micras a más de 50 micras. El invernadero debe ester cerrado completamente antes y después de la aplicación.

Fot. 8.3 Nebulizador frio. Estos atomizadores producen pequeñas gotitas de 30 a 50 micras. Las aplicaciones se pueden hacer cuando las ventanas del invernadero están abiertas.

Fot. 8.4   Atomizador rotativo. Estos atomizadores manuales producen gotas de 30 a más de 70 micras. La corriente de aire que se produce del ventilador detrás del atomizador algunas veces mejora la
cobertura del envés de las hojas.

Fot. 8.5   Generador mecánico de aerosol. Estos atomizadores son
operados automáticamente y producen gotas de aproximadamente 15
micras. Los ventiladores en las unidades ayudan a distribuir el producto, pero en invernaderos grandes son necesarios movimientos de
aire adicionales.

Fot. 8.6 Aspersor electrostático. Estos aspersores producen gotas de 30 micras. La carga eléctrica supuestamente incrementa la cobertura del envés de la hojas y reduce la deriv a del plaguicida.

volumen pulverizado en gotas de tamaño pequeñisimo (50 micrones o menos). Como mencionamos anteriormente, las gotas más pequeñas son más eficientes en llevar al plaguicida a un objetivo específico.

Algunos equipos requieren formulaciones de plaguicidas especiales, mientras otros permiten la aplicación de cualquier producto comercial. El control de la plaga será a través del contacto de la plaga con la acción fumigante del plaguicida, pero algunos aplicadores pueden ser usados para aplicar materiales residuales sistémicos.

Es importante recordar que las aplicaciones de bajo volumen (BV) no necesariamente usan meno plaguicida por unidad de área, pero usan mucho menos diluyente para aplicar el material. Asimismo debemos señalar que con algunas aplicaciones de bajo volumen, la cantidad de ingrediente activo aplicado puede ser reducido en un 50% comparado con las aplicaciones de alto volumen.

Nosotros hemos evaluado la mayoría de los tipos de equipos de aplicación de bajo volumen. La información técnica acerca de cada tipo de equipo esta disponible procedente de los diferentes fabricantes y distribuidores y no será discutida aquí. Nuestra información está dirigida a definir como los equipos dispersan los plaguicidas y el correcto uso de los mismos en el invernadero. Cada tipo de equipo tiene ventajas y desventajas propias, por lo que no hay aplicadores perfectos. Probablemente la mayor ventaja de la aplicación de BV es el ahorro de tiempo. Media hectárea de invernadero puede ser tratada en 20 minutos o menos con algunos de los equipos de BV. No todas son así de rápidas, pero todas las aplicaciones de BV pueden ser realizadas en menor tiempo que las pulverizaciones de AV. No obstante, a pesar del buen diseño del equipo y de la rapidez de la aplicación, si no se realiza la aplicación en forma adecuada el control de la plaga será deficiente y puede ocasionar serios daños a la planta. El siguiente es un resumen de nuestras observaciones, concernientes a los métodos correctos de aplicación.

■ Métodos correctos de aplicación

1. ¿Cuánto plaguicida?

Es obvio que se debe aplicar la cantidad correcta para obtener mejores resultados, sin embargo determinar la cantidad puede ser más complicado de lo que parece. Una problematica reciente es la relacionada con la proporción de plaguicida a aplicar, parte de la solución implica un cambio en las instrucciones de uso en algunas etiquetas de los productos. Las etiquetas comunes de los plaguicidas usados en cultivos de invernadero establecen que el producto debe ser mezclado en agua, típicamente 100 galones (378.5 litros) y pulverizado hasta que la solución gotee o condición similar. Esas directivas son generalmente dadas sin prestar atención al volumen de pulverización/área de cultivo y constituyen cosas diferentes para distintos aplicadores. Por ejemplo, en un invernadero nosotros encontramos una diferencia de hasta seis veces la dosis de un plaguicida, aplicado entre dos personas usando el mismo producto y el mismo cultivo. Ambos tenían la convicción de que habían seguido las instrucciones de la etiqueta, en estas circunstancias una aplicación puede resultar muy débil o muy fuerte. A menos que se midan los resultados biológicos no hay forma de comprobarlo. Es necesaria más investigación sobre las dosis apropiadas de plaguicidas en diferentes cultivos y etapas de crecimiento para delinear una aplicación que resulte en una cobertura completa.

El cambio en las instrucciones mencionadas anteriormente consiste en la especificación de la cantidad determinada de ingrediente activo y/o solución a pulverizar en relación a una área de cultivo. Pocas etiquetas cuentan con estas especificaciones, pero algunos de los productos recientes tienen etiquetas que permiten cierta flexibilidad en los métodos de aplicación. La elaboración de guías relacionadas a la dosis/cultivo/etapa de crecimiento serán muy útiles para determinar cuánto plaguicida usar en ambos tipos de aplicaciones, de alto (AV) y de bajo volumen (BV) .

2. Distribución del plaguicida

Como se discutió anteriormente, la dosis aplicada a una cierta área es importante pero es igualmente importante la distribución del plaguicida en relación al objetivo. Por ejemplo, si la plaga o el patógeno se encuentra profundamente dentro del follaje o está en las superficies inferiores de las hojas, no será de mucha ayuda el cálculo correcto de la dosis del plaguicida cuando su aplicación se hace en una área incorrecta usando una técnica de pulverización impropia o un método de BV que esta diseñado para otro uso.

Las pulverizaciones de AV pueden ser dirigidas a áreas específicas en el interior de las hojas del cultivo, tal como el envés de las hojas donde se encuentran muchas plagas. Esto es particularmente cierto cuando se usan boquillas pulverizadoras y de presión que producen una pulverización de gotas pequeñas. Muchos aplicadores de BV tienen dificultad de llegar al interior de la planta así como cubrir el envés de la hoja. Esto es porque las aplicaciones se realizan desde la parte superior del cultivo. Los atomizadores rotativos y los aplicadores electrostáticos han mostrado mejores resultados en conseguir una cobertura adecuada del envés, siendo los atomizadores rotativos los mejores para la penetración del agroquímico en el interior de la planta.

La cobertura y distribución del plaguicida aplicado con un atomizador rotativo depende del tipo de cultivo y si éste crece sobre las mesas de crecimiento o sobre el suelo. Encontramos que hubo cobertura más densa del fungicida iprodione en el haz y en el envés de la hoja de los geranios sobre las mesas de crecimiento, comparandolos a las azaleas en la misma situación. La cobertura de iprodione se incrementó en las azaleas producidas en camas en el suelo.

El cuadro siguiente muestra los resultados de las aplicaciones del acaricida ornamite a un invernadero de rosas usando diferentes métodos. El resultado del atomizador rotativo con respecto al control fue similar al obtenido con la pulverización de AV dirigida hacia las superficies superiores (haz) e inferiores de las hojas (envés). En este

Cuadro 8.1 Mortalidad de la arañita roja de dos manchas (*Tetranychus urticae*) en cultivos de rosas en invernadero 72 horas después de la aplicación de ornamite por diferentes métodos.

Método de aplicación	porciento (%) de ácaros muertos
Sin tratar	1
Pulverización AV	59
Atomizador rotativo	67
Pulse-jet	8

Nota: Proporción desigual de aplicación; AV y pulse-jet usaron más ingrediente activo que el atomizador rotativo.

caso se obtuvo mejor control del ácaro usando ingredientes menos activos.

Los resultados en el cuadro anterior muestran que las aplicaciones con pulse-jet resultaron, en este caso, en un control muy pequeño de la arañita, lo que indica que casi todo el plaguicida fue depositado en las superficies superiores de las hojas.

Trabajos preliminares con nebulizadores fríos indican que la cobertura de la superficie de la hoja es a menudo similar a la obtenida con los aplicadores pulse-jet, aunque el nebulizador frio puede ser mejor dirigido hacia el interior de la planta. Las limitaciones que presenta en relación a la cobertura de las hojas, no hacen al aplicador menos útil. El plaguicida usado es muy importante.

3. Plaguicida apropiado

Usualmente la cobertura imperfecta por la aplicación del plaguicida puede ser en alguna medida superada usando un agroquímico que produce vapores de actividad sistémica o translaminar (que se mueve de una superficie de la hoja hacia la otra). Algunas veces el plaguicida se redistribuye después de la aplicación y alcanza áreas donde no fue originalmente aplicado.

Muchos fungicidas nuevos tienen actividad sistémica y/o vaporativa lo cual incrementa su efectividad, especialmente en condiciones de invernadero. Ejemplos de lo anterior son los inhibidores de esterol, tales como Bayleton, Rubigan y Triforine. Algunos insecticidas piretroides (por ejemplo: Permetrina, Resmetrina y Talstar) tienen la propiedad de estimular a las plagas. Esto puede producir que los insectos que vuelan entren en mayor contacto con el plaguicida o que las plagas que caminan se muevan alrededor exponiendose más a la acción del químico. Algunas veces las plagas se alejan de las plantas.

El insecticida/acaricida Avid tiene una actividad translaminar y los resultados del control en las arañitas han sido muy buenos con ambos métodos de AV y BV. Los insecticidas mas viejos tales como el DDVP, Dibrom (vapor activo) y el Orthene (sistémico) también tienen sus propiedades útiles. Productos con estas características son útiles en ambos tipos de aplicaciones pero se prestan mejor a las aplicaciones de BV. Por lo tanto es muy importante seleccionar la combinación apropiada plaga-plaguicida y método de aplicación.

Algunas plagas como el gusano falso medidor (*Trichoplusia ni*), gusano soldado (*Spodoptera exigua*), minadores de las hojas adultos y trips son a menudo encontrados en la superficies superiores de las hojas. Asumiendo que están disponibles los plaguicidas efectivos contra la plaga a controlar casi todos los métodos de aplicación serán también efectivos.

4. Intervalos entre los tratamientos

La aplicación de un plaguicida a un intervalo incorrecto, tanto si es demasiado frecuente como si no es suficientemente frecuente puede causar daños a la planta o resultar en un pobre control produciendo pérdida de tiempo y dinero. El intervalo apropiado entre tratamientos dependerá de la plaga y del plaguicida usado. Las condiciones ambientales, incluidas temperatura y humedad, pueden tener efectos significativos, como así también otros factores tales como: especie de planta y cultivar, nutrición de la planta, etapa de crecimiento, tipo de irrigación y substrato. Dentro de ciertos límites, el intervalo de aplicación es más importante que la proporción aplicada en el control de una plaga. La información sobre el ciclo de vida de la plaga esta disponible en varios libros de referencia y en la literatura de los servicios de consultoria estatales de los Estados Unidos. No es necesario para los productores ser entomólogos o patólogos vegetales, pero es de mucha ayuda el conocimiento general de la plaga y de su ciclo de vida.

5. Rotación de plaguicidas y/o la combinación de estos

Aunque no tiene relación con la aplicación en sí, el éxito o el fracaso a largo plazo del programa de manejo de las plagas depende de como son usados los plaguicidas. No hay prescripciones actuales para la mayoría de las combinaciones cultivo-plaga, pero los productores deberán consultar con sus respectivos especialistas estatales acerca de las diferentes clases de plaguicidas y recibir sugerencias de cómo incorporarlos en un programa de manejo de la plaga. No confíe en un solo plaguicida o método de aplicación en un programa de manejo de plagas. No confíe en un solo plaguicida o método de aplicación en un programa de manejo de plagas.

Este ha sido un resumen de lo que consideramos más importante en la aplicación de plaguicidas. Una de las cuestiones más frecuentes para los productores radica en la combinación de un plaguicida específico y los equipos de aplicación adecuados para controlar una plaga. Obviamente esta información no es incluida aquí y necesita ser obtenida de distribuidores locales o estatales. Como las leyes de registro de plaguicidas y de instrucciones de etiqueta cambian, más información referente a AV y BV pueden ser incluidas en recomendaciones de consultoria.

Capítulo 9

Los doce errores más comunes al usar plaguicidas

Los plaguicidas probablemente son nuestros instrumentos más importantes para combatir los problemas de insectos y enfermedades en las plantas. Aunque otras prácticas de manejo son también importantes, cuando las cosas marchan mal, muchos de nosotros confiamos en que un producto químico nos ayudará a solucionar los problemas. Pero a menudo tenemos dificultad en resolver estos problemas, aún con plaguicidas. La falta de éxito se relaciona con uno o varos errores básicos.

Este capítulo le proporciona una lista de los errores más comunes, los cuales se presentan en el orden que transcurren al tomar la decisión de emplear un plaguicida: selección del plaguicida, uso y seguimiento posterior a la aplicación. Esta información no se suministra por orden de importancia y hasta usted podría llegar a pensar que incluso se han realizado ciertas omisiones.

1. Uso de un producto equivocado debido a un diagnostico incorrecto

Todos sabemos que existen muchos agroquímicos actualmente disponibles. La mayoría de ellos tienen un uso específico para cada grupo de problemas. Resulta difícil entonces clasificar en forma general a los plaguicidas porque algunas veces un producto es útil para uno o sólo un número limitado de problemas.

Como antecedente sería bueno recordar que los plaguicidas a menudo se agrupan según su actividad contra oídios, tizónes y manchas por *Botrytis,* podredumbre de las raíces, manchas de las hojas por hongos, ácaros, insectos masticadores, insectos chupadores y nematodos. Hay muchos ejemplos donde este agrupamiento resulta atinado, pero existen también ejemplos de interferencia entre grupos y subgrupos. El diagnóstico correcto del problema o lo más acertado posible evita escoger un plaguicida equivocado.

2. Producto usado de manera incorrecta debido a un conocimiento insuficiente del mismo

Aún después de escoger el producto correctamente gracias a un diagnóstico acertado, pueden surgir problemas con el mismo y con su decisión. La complicada química de los plaguicidas produce a veces peculiaridades en su comportamiento. Muchos de ellos pueden tener temperaturas óptimas de funcionamiento, tales como los nuevos piretroides, otros requieren degradarse ante ciertas clases de luz o se evaporan en el aire demasiado rápido. La mayoría de estas características generalmente aparecen en las etiquetas o en artículos de revistas comerciales. Es importante siempre prestar atención a esta clase de información.

3. Realizar la aplicación inicial en forma tardía

Los ataques de insectos o enfermedades se producen en etapas de crecimiento sensibles de los cultivos y bajo condiciones climatológicas que favorecen su desarrollo. En muchos casos reaccionar ante un problema antes de que alcance proporciones fuera de control es el secreto para lograr que el químico se comporte de la manera esperada. Usted puede lograr esto, si conoce cuales señales debe buscar, cuando las plantas son especialmente susceptibles de una infestación, y sabiendo que condiciones ambientales favorecen el desenvolvimiento rápido de un problema en particular. Los floricultores saben que el follaje tierno de la rosa tiene mayor sensibilidad a la infección por mildíu y también saben que los días cálidos seguidos por noches frescas son condiciones favorables para el hongo. Los buenos productores aplicarán pulverizaciones preventivas para mildíu al presentarse estas condiciones, mientras las rosas se estén recuperando de un corte, cosecha u operación de poda.

4. Mezcla inapropiada en el tanque o procedimiento inadecuado de la mezcla

Las mezclas son preparaciones de dos o más plaguicidas en forma simultánea, mezcladas en un tanque y aplicadas al mismo tiempo. Esta es una práctica frecuente pues ahorra tiempo y dinero, pero a menudo también crea problemas debido a que estamos tratando con agroquímicos complejos. Como le deriamos a un niño con un juego nuevo de química, ¡Tenga mucho cuidado!

Lea las etiquetas, pruebe el producto en pequeña escala y mezclelo adecuadamente. No use más de un líquido o concentrado emulsionable en una mezcla. Incorpore cada plaguicida en tandas separadas de agua y luego agreguelo lentamente a un tanque pulverizador medio lleno de agua, uno a la vez, por último agregue el adherente.

5. Usar plaguicidas que han sido almacenados por más tiempo que su vida útil en el estante

Aún cuando usted haya hecho todo bien hasta ahora, cuidese de no cometer un error común, estos agroquímicos envejecen al igual que el vino, no obstante a diferencia de un vino el envejecimiento tiende a destruir su efectividad. Algunas veces las etiquetas advierten sobre esto. La apariencia física del producto puede reflejar el efecto del envejecimiento. Note si se ha descolorado, silos líquidos se han separado, si los polvos se presentan aterronados, o si se mezcla bien en el líquido. Hay dos reglas a seguir con respecto a esta situación: una de ellas es que usted nunca debe usar un producto que tenga más de dos años, otra es que nunca debe almacenar un plaguicida en el congelador.

6. Falta de atención al clima

Las plantas atraviesan por períodos en que son muy propensas a quemaduras por los plaguicidas, esto generalmente ocurre cuando sufren por falta de agua o cuando la temperatura es muy alta (fot. 9.1). Además la exposición al calor del sol inmediatamente después de la aplicación tiende a secar las gotas del agroquímico rápidamente. Esto

Fot. 9.1 El plaguicida ocasiono quemaduras en estas hojas porque se aplicó en clima caliente y soleado

causa la concentración del producto en la gotita que se contrae, produciendo la quemadura de la hoja cuando se evapora por completo.

7. Proporción inadecuada del producto aplicado por unidad de área del cultivo

Las etiquetas usualmente nos dicen que cantidad de producto se coloca en el agua (a menudo en relación a 100 galones, en los Estados Unidos). Muchas veces no explican cuántas plantas se pueden pulverizar con 100 galones ya que esto varía de acuerdo al tipo de planta y a su etapa de crecimiento. Se necesitará pulverizar menor cantidad para tratar plantas con pocas hojas que lo necesario para plantas con follaje denso. Si usted está tratando de lograr una buena cobertura y usa una técnica estandard de alto volumen usted estará acertado con los problemas de proporción pues está pulverizando hasta el goteo. Esto significa que usted moja el follaje hasta que el líquido comienza a gotear.

8. Cobertura inadecuada de la planta

Los plaguicidas trabajan alcanzando directamente a la plaga o cubriendo la superficie de la planta que pronto sera infectada. Piense en la naturaleza del agente causal que usted esta combatiendo. Oídios y arañitas con frecuencia son incontrolables, ya que la superficie inferior (envés) de las hojas no se pulveriza en forma apropiada.

9. Tratamiento incompleto por aplicaciones insuficientes

Una sola aplicación del agroquímico raramente es efectiva. Hay plagas que en algunas hojas escapan al tratamiento. Además el producto puede ser inefectivo para matar los huevecillos o las esporas, por lo que pronto estos pueden, según el caso, nacer o germinar para causar daños adicionales. Por último el cultivo continúa creciendo después de la pulverización y en las nuevas hojas y retoños no están presentes las barreras protectoras. Asimismo las lluvias y otros factores contribuyen a terminar con la protección residual del plaguicida.

10. Ausencia de registros completos

¿Esto no parece ser el buen y viejo sentido común? Suponga que algo anduvo mal, la planta presenta daños y no se ha logrado la disminución de la plaga. Si vamos a tomar una decisión correcta de manejo, debemos modificar algún factor. Este puede ser el plaguicida, un componente de la mezcla, la hora de aplicación o las condiciones ambientales, el método de aplicación, o la dosis y el volumen del producto aplicado.

Fot. 9.2 Si los aspersores se dejan ensuciar puede ser que no operen correctamente

Es necesario conocer exactamente lo que se hizo anteriormente para poder efectuar las correcciones necesarias. Posiblemente hay que modificar más de un factor, si este es el caso, cambie de a uno por vez para solucionar eventualmente el problema. Estos registros deben mantenerse para cada planta.

11. Falta de limpieza o escurrimiento incompleto de los pulverizadores

Nuevamente necesitamos de nuestro sentido común y premeditación acerca de los métodos que intervienen. El equipo pulverizador es costoso y la mayoría de los plaguicidas de alguna manera son corrosivos (fot. 9.2). Están en juego la seguridad de las personas y de las plantas. El producto remanente en el pulverizador procedente del trabajo anterior puede ocasionar un error costoso en el próximo cultivo a tratar.

12. Dependencia exclusiva del producto químico para controlar la plaga

El manejo de la sanidad se fundamenta en el control ambiental, saneamiento y mantenimiento del vigor de las plantas. Los factores anteriores funcionan de una manera integrada, un factor sin el otro no dará el resultado esperado. Si estos factores son óptimos los plaguicidas que usted use actuarán de manera excelente.

Capítulo 10

Evite errores llevando registros de aplicación de plaguicidas

Cada vez que vemos un cultivo o una plantación que ha sido afectado por un plaguicida, nos da tristeza pensar que con un poco más de cuidado en los detalles probablemente se hubiera evitado el incidente. La mejor manera de prevenir errores es llevar buenos registros, lo cual favorece el conocimiento y la experiencia en el control químico. La tarea de escribir las técnicas de aplicación, dosis, materiales utilizados, etc., sirve para enfatizar la igualdad de importancia que tienen todos ellos. Dandose cuenta de las consecuencias que tienen sus acciones, puede ayudarle a mejorar los métodos o evaluar la necesidad de cambios.

Registro de aplicación de plaguicidas

Por favor llene esta planilla cada vez que se aplique un plaguicida en cualquier parte del invernadero: en las plantas, debajo de las mesas de crecimiento, etc.

FECHA DE APLICACION:
HORA DE APLICACION:
CONDICIONES:
LUZ:
TEMPERATURA:
VIENTO:
OTRAS CONDICIONES:
PLAGUICIDAS UTILIZADOS (si es más de uno anotelos por orden de mezcla en el tanque):

DOSIS RECOMENDADA:
DOSIS USADA:
CANTIDAD PREPARADA:
LITROS DE AGUA:
METODO DE APLICACION:
AREA TRATADA: (# de campo, # de casa, # de mesa de crecimiento, anote la planta que no ha sido pulverizada):
TAMAÑO DE AREA (metros cuadrados, hectáreas):
TOTAL DE LITROS APLICADOS:
TOTAL DE PLAGUICIDA APLICADO:
RESULTADOS DE ESTA APLICACION: (registre los resultados varios días después de la aplicación):

OBSERVACION DEL CONTROL DE LA PLAGA:
OBSERVACION DE CUALQUIER DAÑO OBSERVADO:
FECHA EN QUE ANOTA LOS RESULTADOS:
NOMBRE:
COMENTARIOS:
(Por favor utilice el reverso de esta hoja para hacer sus cálculos de aplicación)

Nota: Cuando construyendo su plamilla siga esta forma.

Capítulo 11

Medidas de seguridad en el uso de plaguicidas

Podemos dividir este tema en tres áreas: la primera es la toxicidad aguda, la segunda es la toxicidad crónica y la tercera involucra los riesgos en su utilización. Cada una de estas áreas tiene distinto grado de importancia para los que trabajamos en el campo.

■ Toxicidad aguda

¿Qué es la toxicidad aguda? Como su nombre lo indica es la propiedad del plaguicida para causar una reacción tóxica aguda inmediatamente o poco después de un período de exposición. Dichas reacciones incluyen: dificultad al respirar, visión de tunel, problemas cutáneos o irritación de los ojos, oídos, nariz o garganta. Estas a menudo se confunden con reacciones alérgicas. Las reacciones alérgicas son las que pueden ocurrir en algunas personas después de la primera exposición de sensibilización y suceden independientemente de la dosis de exposición, en cuestión de pocos minutos.

La toxicidad aguda se mide con frecuencia por una cifra conocida como DL (dosis letal) 50. Este es un índice de toxicidad en la población, medido por la cantidad o el nivel de una toxina en particular que produce la muerte del 50 porciento de una población de animales probada. Puede estimarse en base a distintas vías de exposición tales como: dérmica, por inhalación o por ingestión. La DL 50 es un mecanismo útil pues a partir de ella la compañía química conoce en general cuan tóxicos pueden ser sus agroquímicos. La compañía química desde luego esta muy interesada en la toxicidad general pues vende su producto a una población de usuarios. Si un agroquímico presenta más toxicidad que otro, la compañía química tendrá la precaución de envasarlo y etiquetarlo con mayor cuidado. Por ejemplo si aparece en la etiqueta la palabra "peligro" y una calavera con huesos cruzados esto significa que el plaguicida es de categoría 1, de relativamente baja DL 50. Generalmente estos agroquímicos con baja DL 50 son más peligrosos, o sea que una pequeña dosis puede ser letal.

La DL 50 se mide según la dosis aplicada por unidad de peso del animal prueba, se expresa normalmente como miligramos (mg) por kilogramo de peso. Es decir, se requieren más unidades de una toxina en particular para matar un organismo grande o un humano que lo necesario para exterminar a uno más pequeño. Esto se debe a la capacidad del organismo para diluir la toxina a medida que esta entra en el sistema bioquímico. En sentido general es importante contar con información sobre la toxicidad aguda. Muchos agroquímicos que manejamos pueden presentar toxicidad aguda si los usamos descuidadamente o los guardamos inapropiadamente. En muchos casos su nivel de toxicidad puede exceder a la de otros plaguicidas que puede estar usando.

Generalmente es necesario estar expuesto a mayor cantidad de los productos con altos DL 50 que con bajos DL 50 para afectar nuestra salud. Estamos inclinados a pensar que los números bajos de DL 50 son más peligrosos, sin embargo, esto tiene poco significado si se considera su efecto individualmente. En otras palabras podemos ser bastante susceptibles a las propiedades tóxicas de un plaguicida aunque posea una DL 50 bastante alta, por este motivo la DL 50 no aparece en las etiquetas de los agroquímicos que compramos. Debe ser muy cuidadoso con cualquier plaguicida.

■ Toxicidad crónica

La segunda área de riesgo es la toxicidad crónica y está relacionada a todo lo que tiene efectos residuales. En su mayor parte resultan de exposiciones a largo plazo, pueden ser por ejemplo dosis de un minuto, pero si se acumulan en el organismo a lo largo de toda la vida producen toxicidad crónica. Esta última incluye males como el cáncer, defectos congénitos o bajos niveles de fertilidad.

Hay dos problemas inherentes a la toxicidad crónica que impiden a los científicos obtener buenas conclusiones de cómo la misma se relaciona a usted o a mí a nivel de campo. En primer lugar es difícil probar que una sustancia no causa problemas de toxicidad crónica. Es imposible probar esta negativa por el método científico. Todo lo que se puede decir es que a medida que la cantidad de datos se hacen suficientemente grandes la mayoría de las personas aceptan "el hecho" de que tal cosa no ocurre.

El segundo de los efectos de tipo crónico sobre la salud y como se relacionan a usted como usuario de los plaguicidas se centra en las consecuencias de las dosis. Muchos compuestos se analizan para conocer los problemas de toxicidad según la dosis tolerable más alta para la población prueba. Esta es una dosis mayor a cualquier otra a la que alguien pueda estar expuesto, según normas de uso, una vez que los materiales son registrados, etiquetados e introducidos en el mercado. Si un problema ocurre a una dosis grande, luego debemos presumir cual será el resultado empleando dosis mínimas. Muchas personas creen que aún en una dosis mínima puede haber un efecto pequeño pero notable en la población en general, otros piensan que a medida que la dosis se reduce, se alcanza el efecto cero o nivel umbral. La cuestión es que resulta imposible definir las curvas pues no se cuenta con los medios para recolectar datos sobre estas dosis mínimas en poblaciones humanas. Esto es particularmente problemático cuando realmente no se conocen todas las causas de los desordenes crónicos tales como los diferentes tipos de cáncer o defectos congénitos. ¡El problema está en gran parte irresoluto en los círculos científicos!

La decisión acerca del uso de un producto que implica efectos crónicos sobre la salud cuando se emplea en dosis masivas debe ser tomada por personas con conocimiento exhaustivo de los problemas. Generalmente las posibilidades de contraer problemas crónicos aún en las poblaciones de animales prueba son extremadamente bajas y son menores a las encontradas en el que hacer diario. Por ejemplo se ha calculado recientemente que una persona que hace aplicaciones del herbicida 2,4,5-T cinco días por semana con un pulverizador de mochila en la espalda, cuatro meses al año durante 30 años tendría una posibilidad de 0.4 en un millón de desarrollar un tumor. Esto puede compararse con fumar cigarrillos (1200 posibilidades en un millón), estar en una habitación con un fumador (10 posibilidades en un millón), tomar una cerveza diaria durante 30 años (10 posibilidades en un millón), tomar baños de sol (5000 posibilidades en un millón). Se puede reconocer fácilmente que estas estadísticas no necesariamente ayudan a analizar el riesgo personal. Desafortunadamente la ciencia no puede tratar este problema en forma adecuada.

■ Riesgos de uso

La tercer área es la del riesgo que implica la utilización de un plaguicida. Se relaciona a aquellas personas que como nosotros los emplean a nivel de campo. La reducción del riesgo es lo más importante que podemos hacer para asegurar y mejorar el uso de los plaguicidas en el campo. Los riesgos giran básicamente alrededor de los problemas de exposición. ¿Qué cantidad de plaguicida penetra en nuestro sistema como resultado de las maneras en que manejamos, almacenamos, preparamos, utilizamos y desechamos las preparaciones de plaguicidas? Es una buena práctica general tener presente que debemos tratar de reducir la exposición al producto. Adopte este punto de vista independientemente de cuán tóxico sea el químico en las áreas anteriormente mencionadas.

Ultimamente se han realizado muchas investigaciones acerca de los riesgos de exposición. En la mayoría de estos esfuerzos, los científicos observan a las personas durante los patrones normales de uso del producto y miden la cantidad del plaguicida remanente en las manos, cara, ropa y pulmones de los operarios, etc. Varias similitudes provenientes de la mayoría de los estudios nos proporcionaron pautas para reducir el riesgo de uso. Un factor básico es el uso de una cubierta protectora externa sobre las ropas al emplear plaguicidas. Esta cubierta externa puede ser un traje especial para atomizar o simplemente una camisa y un pantalón adicional que se puedan quitar y lavar después de cada exposición al producto.

Muchos de los estudios sobre este tema realizados en los Estados Unidos han demostrado que la mayor parte de la exposición ocurre durante el proceso de mezcla y preparación del plaguicida. Cuando se trabaja con productos concentrados es muy fácil que penetren grandes cantidades de plaguicidas en nuestro sistema al medir y mezclar los productos como vienen de la fábrica. Muchas industrias agrícolas han adoptado tecnologías de mezcla de tipo cerrado en las cuales el plaguicida no entra en contacto con la persona o con el aire (fot. 11.1). Estos sistemas pueden incluir paquetes solubles en agua como los polvos humectables o abridores automáticos para latas y cilindros que funcionan por control remoto y bombean el líquido a través de tuberías cerradas directamente al tanque del pulverizador. Es probable que en el futuro se utilicen más sistemas de este tipo en todas las áreas de la agricultura.

Es importante destacar que las manos y los antebrazos constituyen los sitios de mayor exposición durante el proceso de mezcla y preparación del plaguicida. De esta manera se ve la gran importancia que tiene el uso de los guantes y camisas de mangas largas cuando se manejan plaguicidas.

Fot. 11.1 Es peligroso no usar equipo protector al momento de mezclar plaguicidas.

Hay muchas otras maneras de reducir el riesgo que usted como usuario de plaguicidas puede considerar. Por ejemplo el tipo de formulación produce gran diferencia en cuanto a la cantidad de producto que se recibe. Muchas compañías ya están empezando a formular productos granulados solubles en agua. Con esto no se pretende aplicar los gránulos directamente al cultivo, sino disolverlos al vaciar la bolsa en el tanque del pulverizador. El hecho de que sean gránulos significa que hay menor polvo (menos producto disperso en el aire que puede caer en las manos o entrar a los pulmones).

Muchos avances se han hecho recientemente para envasar los plaguicidas a fin de reducir la exposición: los envases de vidrio no se usan tanto como antes y los paquetes de plaguicidas vienen provistos de cierres especiales a prueba de niños.

El método que usted elija para manejar y almacenar plaguicidas se relaciona en gran medida a la reducción de los riesgos. Existen instrucciones para el almacenamiento. Lo primero que debemos recordar es: mantener los envases bajo llave y en áreas bien ventiladas de manera que los vapores tóxicos no se acumulen. También es importante tener a meno extinguidores de incendio.

Finalmente el riesgo de la exposición se ha ido reduciendo por los progresos en los métodos de aplicación. Los aplicadores de goteo controlado (AGC) se usan actualmente en muchos sistemas agrícolas. Estos aplicadores miden y controlan con exactitud el tamaño de la gota reduciendo la deriva y las salpicaduras e impidiendo la salida de grandes cantidades de plaguicida que pueden ocurrir cuando se usan los métodos más antiguos. La carga electrostática de las partículas a medida que salen de los aplicadores del pulverizador es un método controlado para reducir los riesgos. Las partículas cargadas positivamente, se adhieren y se curvan hacia el material que esta sobre la tierra, tal como la planta que queremos pulverizar. El resultado de la carga electrostática es que hay menos deriva y menor exposición para usted como usuario.

Nosotros hemos separado este tema en tres áreas y demostrado como se relacionan a usted a nivel de campo. Mientras que los problemas de toxicidad aguda y crónica son importantes y necesitan ser considerados, no es mucho lo que se puede hacer al respecto. El área principal que se debe vigilar constantemente para actuar con más seguridad con los plaguicidas es aquella en la que se reducen los riesgos. En pensando un poco es posible encontrar formas para reducir los riesgos de cualquier producto.

■ De Los Autores
Charles C. Powell, Ph.D.
Antes de fundando la firma nacional del Servicio de Consultoria para la Sanidad Vegetal, Dr. Charles (Chuck) Powell era un profesor en la universidad Ohio State, Columbus, Ohio, Estados Unidos. Durante su carera de 23 años en Ohio State, él estaba en el departamento de patología vegetal, donde él cumpleo investigaciónes científica, dio clases, y consultaba. Dr. Powell ha escrito cuatro libros, 15 boletíns de extensión y sobre 650 artículos para profesionales y aficionados horticultoristas. El continua a conductar seminarios y aparecer en programas por todo el mundo.

Servicio de Consultoria para la Sanidad Vegetal es una compañía de consulta y entrenamiento en el manejo de sanidad de cultivos ornamentales en invernadero y campo.

Richard K. Lindquist, Ph.D.
El Dr. Richard K. Linquist recibio su doctorado en entomología de la universidad de Kansas State. En la universidad de Ohio State, él divide su tiempo dentro investigación científica y trabajo de extensión.

Dr. Lindquist se concierne en proyectos de manejo de insectos y ácaros en cultivos protectivos. En adicional de proyectos de investigación, él usa mitad de su tiempo avisando cultivadores comerciales, identificando problemas de plagas, preparando publicaciones para extensión y presentando seminarios para productores de cultivos ornamentales y verduras.

Dr. Lindquist ha presentado seminarios, participado en cursos cortos, y consultado productores en Costa Rica, Columbia, Ecuador, México, y República Dominicana.